KB212440

산강 대혜스님의
봉암사 동안거 일기

산강 대혜스님의
봉암사 동안거 일기

산강 대혜스님 지음

불교신문사

서문

운수납자(雲水衲子)의 삶
살짝 들여다보시길…

청소년때 죽음에 대한 심각한 고민을 하였다. 그것이 출가로 이어지는 길이 되었다. 강원에서 배운 불교는 아주 좋았다. 그때 부처님의 머슴이 되어야겠다고 생각했다. 부처님의 가르침을 실천하는 것이 삶의 전부였다.

그런 소납에게 뜻하지 않게 봉암사 선원에 갈 기회가 생겼다. 모든 걸 뒤로 하고 선원에 방부를 들이기 위해 짐을 챙겨 떠났다. 선(禪)에 대한 지식은 강의를 듣고 책을 읽은 것이 전부다. 강원에서 배운 『사집』은 선에 대한 강한 인상을 심어주었다.

방학 중에 직지사 만세루에서 관응스님의 『선문염송』강의는 새로운 세계를 보는 듯했다. 소설이지만 최인호씨의 『길 없는 길』, 금담선사 법어집 『월인천강』도 감명 깊게 읽었다.

부처님의 수행은 6년 간 최악의 환경에서 이루어졌다. 수행자의 수행처는 천지자연 처처(處處)가 수행처이고 스승은 천지만물이 스승이었다. 중국 선종계의 5조 홍인 제자 중 신수와 혜능의 인가 과정은 대단한 감동을 주었다. 향엄 지한스님의 오도의 순간은 소납에게 불교의 새로운 세계를 여는 계기가 되었다.

봉암사에서 나에게 주어진 동안거의 시간은 수행을 직접 체험하는 귀한 기회가 되었다. 그 좋은 생활을 매일 저녁에 일기를 썼던 것도 지금 생각해 보면 값진 일이었다는 생각이 든다. 그것을 소납이 혼자만 간직하기보다는 모든 사람들과 함께 나눌 수 있는 것이 좋겠다고 생각해서 이번에 책으로 내게 되었다.

완전하지 못하고 서툴고 거칠지만, 책을 읽는 독자들에게 출가대장부로 수행자의 길을 가는 운수납자(雲水衲子)의 삶을 일부분 보여드리는 것도 부처님의 가르침과 불교의 수행인 참선법을 이해하는데 도움이 되겠다는 생각이 든다.

지금도 제방에서 목숨을 걸고 깨달음을 얻기 위해 정진하고 있는 선원 수좌 스님들에게 존경의 마음을 전하며 이 책과 인연으로 부처님 가르침을 이해하는데 조금이나마 도움이 됐으면 하는 바람이다.

2024(불기2568)년 부처님오신날 즈음

산강 대혜 합장

차례

차례

겨울 봉암사 가는 길.

봉암사 가는 길

2014년(불기 2558년) 12월 5일

겨울이라 산하가 회색빛 세상이다. 새로운 길은 설렘으로 가득하다. 여러 번 다녀본 길이지만 느낌이 다르다. 직지사를 나서 국도를 따라서 가면 멀지 않은 곳이다.

옛날에는 꼬불꼬불 멀었지만 이제는 멀지 않은 곳이다.

포교를 수행으로 여기고 생활해 왔기에 선원에 간다는 것은 새로운 선택이다.

『선가귀감』 등 선(禪)에 관한 가르침을 섭렵했지만 선원에 가서 공부해야 되겠다는 생각을 절실하게 느끼지 못했다 .

관심은 불교문화, 불교사, 복지에 관심이 많았었다.

불교의 역사에 있어서 불교문화와 복지는 불가분의 관계에 있다. 그것을 현재에 접목하는 것이 최대의 화두였다.

이런저런 생각을 하는 동안 점촌읍을 지나서 봉암사가 위치한 가은읍에 도착하였다.

김천에서 문경까지는 8교구 직지사 관할이어서 곳곳을 다녔었다. 가은읍은 외진 곳에 있어서 옛날 모습 그대로인 듯하다. 세계군인체육대회가 열리고 나면 많이 변할 것 같다.

가은읍을 지나 계천을 따라서 올라가니 논밭이 한가롭다.

계천이 끝나는 논 들판은 쭉 뻗은 벚나무길이다. 나무들이 도열해서 객을 맞아주는 풍경이 이채롭다. 그 길이 끝나는 곳이 봉암사다. 봉암사 입구에는 낮은 담장으로 둘러싸인 작은 성황당과 300년 된 느티나무가 거대하게 서 있다.

대도시를 벗어나 이곳에서만 볼 수 있는 풍경이다. 역사를 간직한 모습을 온전히 볼 수 있다. 계천과 논밭도 그대로이며 경내까지는 큰 소나무들이 줄 서 있어서 세월을 느끼게 해준다.

논두렁에는 따지 않은 감홍시가 주렁주렁 매달려 있다.

석벽처럼 생긴 돌에는 붉은 글씨로 '나무아미타불'이라는 명호가 새겨져 있다.

봉암사까지 오는 길이 먼 과거에서 현재에 이르는 길처럼 뭔가 특별한 느낌을 갖게 한다. 이곳에서 겨울 한 철 수행할 곳이라 생각하니 가슴이 벅차오른다.

봉암사 입구 '나무아미타불' 바위.

봉암사 동안거(冬安居)

2014년 12월 7일

 나는 평생 좌선(坐禪)할 기회가 없을 거라 생각했다. 오히려 좌선보다는 현장에서 포교하는 것을 참다운 수행으로 여겼다. 예상이 맞는 것은 아니지만 그럴 거라 생각했다. 그러나 운 좋게 기회가 생겼다. 하나를 놓으니까 하나가 생겼다.

 지난 겨울에는 너무 갑작스레 맞이해서 못갔고 여름에도 선거하느라 못갔다. 선거가 끝나고 소일하다 보니 겨울을 그냥 보내는 게 의미가 없을 것 같았다. 그래서 생애 처음이자 마지막일 것 같은 안거를 봉암사에서 보내기로 결정하고 전화를 하니 남훈루에 입방이 된다고 하였다.

 사람들에게 소식을 알리니 모두 힘들다고 만류하기도 하

봉암사 전경.

고, 잘 생각했다고도 한다. 온 지 나흘째인데 잘 생각한 것
같다. 전날까지 내린 눈으로 산천이 하얗다. 경내 길에는 눈
이 그대로 쌓여 있다. 계곡에서 불어내리는 바람이 너무 차
서 정신이 바짝 든다. 직지사의 추위는 비교가 안 된다. 완
전무장 하고도 춥다. 선원이 처음이라 생소하다. 법랍이 많
다고 해서 방을 준다. 선원을 다니지 못해서 한주(閑主)는
안 된단다.
　삭발일이라 모든 사람들이 삭발한 것을 보고 삭발했다.

어느 스님이 친절하게 면도기를 주고 삭발해 줘서 고마웠다. 내손으로 했다면 상처투성이가 되었을 것이다. 출가했을 때 혼자 삭발하다가 머리를 많이 베었다.

결제(結制) 전날에는 남훈루에서 방을 짰다. 저녁예불을 마치고 식당에 전 대중이 모인 가운데 각자의 소임을 정하여 붙이는 용상방(龍象榜)을 발표하였다. 나의 일은 오후 좌선이 끝나면 건물 뜰을 쓰는 일이다.

나는 일정표도 모르는 상황이었기에 스님들의 발소리가 많이 나면 발소리를 듣고서 행사에 참석하게 되었다. 마침 조카뻘 되는 문중스님이 입방을 해서 같이 포행도 하고 옆자리라서 함께 공양도 하였다.

성철스님의 『화두 드는 법』이란 책을 다 읽었다. 결제 날에는 사시에 전 대중이 대웅전에 모여 불공을 올리고 영가시식을 하였다. 입재법회는 없었다. 저녁에는 수좌 적명스님께서 첫 철 나는 스님들을 위해 공부하는 법에 대하여 설명하였다. "일심으로 여여(一如)하게 화두만 잡으면 의심이 생긴다." 하신다.

전 대중이 모여서 하는 발우공양도 장관이다. 많은 사람이 모여서 먹는대도 수저 소리, 발우 부닥치는 소리 하나 안

난다. 나는 법랍이 많다고 해서 상판에 자리가 배정됐다. 옛날에 처음 출가했을 때는 밥 나르고 국 나르고 배식하려네, 내 먹을라네 참 바빴던 기억이 새롭다.

공양을 마치고 스님과 함께 포행을 하였다. 나는 갑자기 "입도 없고, 귀도 없고, 생긴 것이 없고, 이름도 없는데 어떻게 찾느냐"면서 질문하였다. 스님은 묵묵부답이다.

선원 생활이 생소하지만 시간이 지나니 조금씩 익숙해진다. 그러나 무명을 벗고, 생사를 해탈하기 위한 좌선 공부는 마치 무인지경의 들판을 걷고 길 없는 산속을 헤매는 것 같다.

눈 치우는 대중 울력.

정진 첫날

2014년 12월 8일

밤새 눈이 내렸다. 대중울력으로 눈을 치웠다. 모든 스님들이 마당과 일주문까지 눈을 치웠는데 빠르게 치웠다.

좌선정진은 큰 방에서 하는데 문을 향해서 두 줄로 앉는다. 움직임도 숨소리도 없다. 50분 앉고 10분간 포행한다. 포행을 하지 않아도 상관없다.

앉아 있으니 허리가 좀 아프다. 간밤 꿈에 차를 후진하는데 액셀러레이터를 밟아 골목길에서 한 집을 들이받고 멈췄다. 꿈이라 그런지 부서진 집도 다친 사람도 없었다.

'화두'란 형상도 없고 이름뿐인데 그걸 붙잡고 대중 스님들이 열 두 시간이고 열 네 시간이고 열심히 앉아서 참구(參究)한다. 어느 스님이 10겁(十劫) 만에 깨쳤다고 하니 가슴이 막혀오고 까무러칠 것 같다. 세월이 잘 가더니 여기서는 멈춰진 것 같다.

과거에 경보스님이 경주 코오롱호텔에서 선서화 전시회를 할 때 구경 온 사람들에게 좌선할 때 숨 쉬는 법을 가르쳐 주셨다. 수식관(數息觀)이라고 하는데 그것을 통해서 정신통일을 하는 것이다. 방법은 간단하다.

"좌선자세로 숨을 들이쉴 때 코털도 떨리지 않을 정도로 단전까지 들이쉬고, 내쉴 때는 빨리 내쉰다. 그리고 숨을 따라서 생각도 함께 따라간다."

그렇게 하나부터 열까지 하고 계속 되풀이하는 것이다. 흐트러진 정신을 모으기 위해서 열심히 하였다. 첫날은 새로움과 궁금증으로 하루를 마감하였다.

향엄 지한스님의 오도

"부모미생전 본래면목(父母未生前 本來面木)"

향엄 지한스님이 위산스님에게 공부할 때 위산스님이 향엄스님에게 "부모가 그대를 낳기 전 그대의 본래면목은 무엇인가?"라고 물었다.

지한스님은 꽉 막혀서 대답할 수가 없었다. 답답함에 답을 찾기 위해서 책을 뒤졌지만 "그림 속 떡으로 주린 배를 채울 수가 없다"는 탄식만 나올 뿐이었다. 하다못해 위산스님에게 대답을 청했지만 위산스님은 일언지하에 거절하고, "내가 만일 말로 그 뜻을 설명하게 되면 그대는 훗날 분명히 나를 욕하거나 탓할 것이네. 나의 설명은 나의 것일 뿐 그대의 수행과는 전혀 관계가 없네"라고 했다.

봉암사 상봉대사 탑비.

  결국 스스로 재주 없음을 한탄하고 불법을 더 이상 배우지 않기로 결심하고 경전을 불태워버렸다. 정처 없이 떠돌다가 어느 날 해충(?~775) 국사의 탑을 친견하게 된다.

  참배를 하고 쉬면서 주변의 잡초와 나무를 베어 잠자리와 땔감을 마련하다가 눈에 뛰는 기왓장이 있어 무심코 숲속에 던진다. 그때 기왓장이 대나무에 맞아 "딱!"하고 소리를 낸다. 그 순간 목에 걸린 가시 같았던 향엄스님의 의문이 눈

녹듯이 사라진다.

감격에 겨운 스님은 몸을 바르게 하고 위산스님이 계신 곳을 향해서 절을 한다. 그리고 기쁨에 겨워 말한다.

"스님의 은혜가 부모님보다도 더 지중합니다. 만일 스님께서 친절하게 설명을 주셨던들 어찌 오늘의 이런 큰 깨달음이 있을 수 있겠습니까."

선어록 향음 지한스님의 오도송(깨침의 게송) 장면이다.

일주문 홍시

가만히 정좌해 앉는 일이 쉬운 게 아니다. 시간이 늦게 가는 것 같다. 나이가 들어서인지 번뇌 망상이 덜 생긴다. 소싯적에는 끊임없이 번뇌 망상이 생겼었다.

아침을 먹고 깜박 졸았는데 꿈을 세 개나 꾸었다.

계곡 평지까지 포행을 마치고 통제실까지 갔다가 홍시 몇 개 먹고 햇볕을 쬐다가 입실했다. 일주문 주위 밭에는 주인이 챙기지 않은 감나무에 얼은 홍시가 주렁주렁 달려 있다. 홍시 맛을 아는 스님들이 두고두고 따 먹는다. 이런 중에 선원(禪院) 생활은 점점 익숙해져 간다.

봉암사 일주문 인근 감나무 홍시.

향긋한 공기

희양산 봉암사의 공기에는 독특한 냄새가 있다. 그래서 나는 포행할 때 입을 열고 다닌다.

공기에 맛이 있다. 상큼, 달콤, 새콤한 맛이 있다. 직지사의 새벽공기는 상큼하고 시원한 맛이 있다. 그래서 새벽은 항상 복 받는 느낌이다.

6일째 되니 포행으로 생긴 다리 통증이 사라지고 포행과 좌선으로 생긴 허리통증도 사라졌다. 그런데 오른쪽 어깨 뒤쪽에 오십견이 생겼다.

시간이 참 더디다. 허송세월 할 때는 빨랐는데, 시간이 더디 간다.

봉암사 포행길.

희양산 암봉.

화두정진

2014년 12월 14일

　한국불교 최고의 천년 선 수행 도량 봉암사에 바람이 불고 날씨가 차다. 고요하게 앉아서 화두를 드는 좌선 위주의 생활패턴이라서 일체의 신문이나 전화가 없다.

　일주일이 지났다.

　'부모미생전(父母未生前) 나의 본래면목은 무엇인가'

　이것이 나의 화두다. 깜깜해서 종잡을 수가 없다. 은산철벽과 같이 단단해서 잡고 오를 방법이 없다.

　부모가 있기에 내가 있고 내가 있기에 부모가 있다. 대나무와 기왓장이 부딪혔을 때 동시발착으로 "딱!" 소리가 나는 것이다. 할!

　　시무사인(是無事人)

완전한 자유를 얻은 일 없는 사람

밖에서 구하지 말라.

-.그대들 한 생각의 마음에 청정한 빛이 그대들의 법신불이다.

-.한 생각의 마음에 분별없는 빛이 그대들의 보신불이다.

-.한 순간 생각의 마음에 차별 없는 빛이 그대들의 화신불이다.

-.그대들이 조상님이나 부처님과 다르지 않기를 바란다면 밖에서 구하지 말라.

포행

2014년 12월 16일

밤새 눈이 많이 왔다.

새벽정진을 마치고 아침에는 대중울력을 했다. 울력을 하는 날에는 나머지 시간에 정진이 없다. 그래서 자유시간이 좀 많은 편이다.

점심을 먹고 스님들과 차 마시고 이야기를 나눴다. 입담이 좋지 못해서 나는 말이 별로 없지만 이야깃거리가 많은 분은 입담도 좋다.

2시 경에 산행에 나서서 월봉토굴을 둘러봤다. 월봉토굴은 바위 밑에 수행실이 있는데 방 2개, 부엌 1개가 있는 게 이채롭다

오른쪽으로 내려오니 환적대와 백련암이 있다. 눈 내린

산은 바람이 불어 솔가지에 쌓인 눈이 휘날린다.

"그림자를 움직이는 그대는 누구인가?"

월봉토굴.

가는 시간

2014년 12월 17일

　어제 마신 차로 인해서 간밤에 잠이 편하지 못했다. 산중에 마실거리는 물과 차다. 차에 카페인이 많아 많이 마실 경우에는 잠을 뒤척이게 된다. 과거 주택공사의 난개발로 사찰을 에워싸는 공사를 저지하기 위해서 소송전이 붙었는데 자정까지 소송 준비를 하느라 밤늦게 자는 버릇이 생겼다. 그 습성을 바꾸기가 굉장히 어려웠다. 그런데다가 카페인을 마시면 잠들기가 힘들다.

　'화두'는 변함이 없다. 날씨가 차고 바람이 세다. 발목과 관절에 통증이 계속해서 재발한다.

　관음봉 고개까지만 갈까 했는데 오른쪽 계곡을 따라 올라가니 눈 밑이 돌덩어리 길이라 중도에 하산했다.

용추토굴

어김없는 새벽 3시 도량석 소리와 알람 소리에 깼다.

오전에 해가 뜨더니 오후에는 구름이 꼈다. 날씨는 포근하다.

오늘은 용추토굴로 포행을 갔다.

왕복 3시간 거리다. 일행 다섯이 반도와 아이젠을 차고 신나게 눈 위를 걸었다. 용추토굴은 용추폭포 위쪽에 있다. 폭포는 갈림길 잎시(입구)에 있는 3미터 남짓 높이다. 평지라 걷기가 쉬웠고 걸음이 빨랐다. 선두가 빠르다.

'연야달다의 잃어버린 머리'

"수행자들이여! 그대들 안에 부모가 있다. 다시 무슨 물건을 구하는가" - 종광스님 『임제록』 102

용추토굴.

헛된 짓

　새벽부터 눈이 내리더니 아침을 먹고 나니 눈이 많이 온다. 그래서 오전에는 전 대중이 제설작업을 했다.

　페이스북에 오솔길과 월봉토굴 사진을 올리니 사람들의 반응이 뜨겁다.

　점심을 먹고 용추폭포 돌 밭길 앞까지 포행했다. 눈이 쌓여 미끄럽다. 어제 속보로 갔다 온 탓인지 발목과 관절도 조금 저려서 중도에 왔다.

　조사님들이 "헛된 짓 하지 마라" 하셨는데 해답이 없다.

삭발일

2014년 12월 21일

삭발일이다. 보름마다 전 대중이 삭발한다. 그래서 자유 정진을 한다.

선원에 와서 두 번째 삭발을 했다.

결제(結制)중에는 바깥출입을 할 수가 없기 때문에 선원에는 대중목욕탕이 있다. 보름에 한번 삭발목욕을 한다. 삭발하는 날에만 대중탕에 뜨거운 물을 공급한다. 봉암사 계곡물을 데워서 하기에 특별하다.

일곱번 삭발을 하면 해제다. 시간은 빠를 것이다.

오늘은 공부한 것도 없이 시간을 보냈다. 날씨가 따뜻하다. 내일이 동지인데 대중들도 모처럼 한가하다. 산의 까마귀도 새들도 조용하다. 다만 하릴없는 구름만 오간다.

희양산 전경.

"수행자들이여 불법은 특별히 공부와 노력이 필요한 것이
아니다. 그저 일상 그대로 아무 일 없으면 된다."

– (平常無事) 종광스님 『임제록』 117

동지

2014년 12월 22일

오늘은 동지다. 일년 중 밤이 가장 길다는 날이다. 눈이 내린다. 금년에 풍년이 들려는 지 눈이 내린다.

동지에는 팥죽을 쑤어 불공을 올리고 대중들이 먹는다. 동지를 시작으로 해가 길어지기 때문에 '작은 설'이라고 한다. 팥죽은 붉은색으로 귀신을 쫓아내고 개인의 심신이 건강해지고 가정이 행복하고 모두가 탈이 없기를 바라는 의식이다.

어젯밤에 전 대중이 새알을 비볐는데 비비는 실력이 없어서 그런 지 잘 비빈다고 비볐는데 시원찮았다.

동지불공을 올리고 팥죽을 먹는데 맛이 맹탕이다. 늦은 오후 눈이 갰다. 눈을 좋아해서 내릴 때는 산천을 헤맨다.

동지 팥죽공양.

내가 소임을 볼 적에는 김장을 하든 지, 장을 담든 지, 음
식을 하든 지 간에 혼자서 못하게 하고 3인 이상이 있을 때
하도록 했다. 그래야만 간이 맞고 음식이 제대로 되었다. 혼
자 잘한다고 시켜두면 일이 잘 되질 않았다. 몇 번 실패한
경험을 살려서 만든 나만의 법칙이었다.

그 자리

'길 없는 길'이라도 갈 수는 있지만 내가 앉은 곳은 허공이다. 선방에 온 지도 보름이 지났다. 공부에 진전이 없다. 14시간씩 정진하는 방사도 있다. 해제 일주일 전부터 철야 정진하는 선원도 있다. 참 대단하다.

임제스님은 "너 안에 부모가 있는데 무얼 찾느냐" 하신다. 밑도 끝도 없는 정진이다. 그저 앉아서 화두만 생각하고 있을 뿐이다. 때로는 밥만 축내는 식충이란 말인가! 한심하단 생각도 든다. 정진하는 분위기는 좋다. 무엇이 보이는지. 닭이 알을 품는 것은 부화라고 해서 새끼를 품겠지만 좌선은 뭔가?

신라의 왕자였던 김교각 스님은 중국 구화산에서 도를 이루고 마을을 일구었다. 김교각 스님의 수행처는 산봉우리에 있다. 그 산에 거대한 바위들이 있는데 곰방매[1]와 같이 생긴 큰 바위가 있고 그 옆 낮은 동쪽 바위에 석굴이 있다. 그곳에 지장왕 김교각 스님의 수행처가 있다. 그곳에서는 음식을 할 수도 없고 배달할 수도 없는 그런 곳이다. 그래서 느낀 것이지만 수행은 '일상이 없는 것이구나' 생각했다.

봉암사 우측 들판에 있는 바위. 무엇을 말하려는 듯한 모양이다.

---

1) 논 밭에 흙 덩이를 깨뜨릴 때 사용하는 도구.

희양산 정상에서 본 마을.

겨울 비

2014년 12월 24일

날씨가 포근하다 새벽정진을 끝내고 아침공양을 하러 나가니 하늘에 구름이 가득하다. 겨울비다. 깊은 산사에 겨울비가 내리니 특이하다. 만물이 소생하는듯 공기와 분위기가 다르다. 빗물을 머금은 소나무 가지들이 살포시 미소를 머금은 듯하다.

점심은 생전 처음으로 팥칼국수를 먹었다. 점심을 먹고 스님들과 차를 마시는데 비가 많이 내린다. 어제 남장사 주지스님께서 49재 모시는 신도를 통해서 『한글신행 의식집』 200권을 법보시 해주셨다. 『한글신행 의식집』은 처음 독경하는 분들이 내용을 쉽게 알게 하기 위해서 한글로 간단하게 엮은 의식집이다. 인기가 괜찮은 것 같다. 재판을 소진하고 3쇄를 발간해야 하는 상황이다.

저녁예불을 마치고 나오니 서쪽하늘에 눈썹달이 걸렸다. 바람이 분다. 솔가지 사이로 부는 바람이 소리를 낸다. 수행자들은 자연의 소리나 현상을 통해서 깨달음을 얻곤 한다. 아무나 되는 것이 아닌 것 같다. 시절인연이 도래해야 하는 가보다.

오늘도 참선과 하릴없이 배만 채우는 일로 하루가 끝난 것 같다. 화두참구에 진력하겠다는 다짐을 한다.

백련암을 가다

2014년 12월 25일

새벽 두시. 잠에서 깼다. 잠시 있으니 도량석 목탁이 울린다. 고요한 산사를 깨우는 목탁소리, 그 소리가 나는 곳이 불국토요, 듣는 자가 주인공이다. 시간과 공간을 초월하고 삼계를 초탈하여 내가 있으니, 부처의 종자나, 중생의 종자나 차별이 없다.

선원에서 결제 동안 아침 점심은 발우공양이다. 부처님 당시에는 발우 1개에 모든 음식을 담았는데 선원이 정착되면서 발우 4개를 사용하여 큰 방에서 대중들이 공양한다.

점심을 먹고 스님들과 함께 옻나무밭 앞 도량까지 걷고 백련암에 주석하시는 법연스님께 인사차 들렀다. 법연스님께서는 봉암사에 오래 사신 분이다. 직지사 소임 볼 때 이곳 주지를 하셔서 몇번 뵈었다. 내가 첫 철을 이곳에 나면서 인사를 드려야 하겠기에 들렀다. 그간 쌓였던 눈이 녹아서 털신을 신고도 걷는데 무리가 없다. 새롭게 개축한 목조건물이 정겹게 맞이하는 듯하다. 손으로 퍼서 사용할 수 있는 우물이 있고 뒤쪽엔 작은 산신각이 있어 아주 단아한 느낌이다.

　건물에는 옛날부터 걸려 있던 '백련암'이라는 편액이 있는데 작지만 꽤나 멋져 보인다. 스님을 부르니 반갑게 맞이하신다. 큰방에는 작은 부처님을 모시고 있다. 아주 단정한 모습이다. 천정은 도배지가 아닌 나무판자로 마무리하여 운치가 있다. 스님께서 보이차를 내주신다. 몇십 년은 된 것 같다. 중간에 혈액순환용이라며 장뇌삼으로 만든 막걸리를 주시는데 맛이 특이하다. 막걸리도 그렇지만 훌륭한 보이차를 마시니 입이 호강하였다. 약 1시간 가량 이야기를 나누었다. 같이 가신 스님들과 이야기가 자연스럽다.

　소탈하고 상(相)이 없으신 모양이다. 수 많은 선객들 사이에 부대끼면서 사신 분이라 그런 지 초연하신 모습이다. 이런저런 얘기를 나누다보니 1시간이 흘렀다. 인사를 하고 내려오는데 세 사람이 말이 없다. 발자국 소리만 정적을 깨운다.

봉암사 백련암 전경.

찾아 나서면 더 멀어진다

2014년 12월 26일

"찾아 나서면 더 멀어지고 구하려고 하면 더욱 어긋난다."
종광스님의 『임제록』 140쪽의 글이다.

멱저전원(覓著轉遠)이다. "모양도 형체도 없다." 그런데 어떻게 찾는단 말인가? 바람은 나부끼던 지 소리가 나던 지 해서 아는데 이것은 그렇지도 않다. 깃발이 나부끼는 곳에, 소리가 나는 곳에, 눈이 오고 녹는 모습에, 호흡지간에 있을 것이니, 애쓰지 마라는 말씀이신가? 참말로 알 수가 없고 없다.

오늘은 대중들 중 일부가 해인사 법전 도림스님의 빈소에 갔다. 그래서 자유정진이다.

사람은 누구나 몸이 늙고 부서지고 못쓰면 버려진다. 아

봉암사 환적대.

무리 잘 가꾸어도 결국에는 그렇게 된다. 사람들이 많은 법칙 속에서 놀이를 하고 위엄을 부리고 위용을 떨치다 끝나는 것이다. 그것이 세상이다. 세상놀이인 것이다. 6근 6경 6식 18계의 상호관계로 숱한 시간 속에 숱한 사람들이 그렇게 오고 가는 것이다.

  햇살이 따뜻하니 겨울 날씨가 좋다. 모처럼 바깥바람을 쐬고 왔다. 절에 오니 조용하고 다각실에서 보이차, 원두커피, 오룡차를 마시면서 이야기를 나누었다. 차를 마시고도 시간이 남아 혼자서 환적대를 둘러봤다. 좋은 곳에 자리잡은 암자다. 물맛이 좋다. 녹다 남은 눈이 사각사각 소리를 낸다. 물소리도 조용조용 들린다. 바람이 깰까 봐 모두가 조용하다.

무엇이 모양 없는 네 가지 경계인가

2014년 12월 27일

"무엇이 모양 없는 네 가지 경계인가?"

어떤 스님이 모양이 없는 네 가지 경계에 대해서 물었다. "그대의 한 생각 의심하는 마음이 흙이 되어 그대의 앞을 가로막으며, 한 생각 애욕의 마음이 물이 되어 그대를 빠지게 하며, 한 생각 분노하는 마음이 불이 되어 그대를 불태우며, 한 생각 기뻐하는 마음이 바람이 되어 그대를 날아가게 하는 것이다." 종광스님의 『임제록』 글이다.

사대(四大), 즉 지수화풍(地水火風)으로 사람이 세워지고 의식(意識)으로 살아가는 것이다.

그런데 왜 부정적으로 단정하는 것인가? 의심하지 않고, 애욕을 품지 않고, 분노하지 않고, 기뻐하지 않는다면 사람

희양산 바위속 길.

이 말뚝이나 무엇과 다른가?

새벽꿈에는 불이 나무들을 태우는 꿈에서 깼다. 여태까지는 헛간에 불이 붙는 것을 꺼버리곤 했는데 이번에는 속수무책이었다.

다른 날은 꿈에서 사놓은 전원빌라에 방 한가득 맑은 물이 차서 있는 짐이 물에 젖기도 하였다. 또 어떤 날은 넓고 깊은 동굴 속에 용암이 흘러가고, 그 속으로 모든 사람들이 대열을 지어 들어가게 하였고, 이상한 여자가 뛰어 나오길래 도로 집어넣는 꿈도 있었다. 선원에 오기 전에는 꿈이 없었는데 5시 40분에 아침밥을 먹고 쉬는 중에는 꿈을 몇 개씩 꾸기도 하였다. 이삼일이 지나고 나서야 꿈도 꾸어지지 않았다.

스님들이 열 시간, 열 네 시간씩 앉아 정진하는 것이 참 놀랍다.

과연 무얼 생각할까? 화두공부가 얼마나 될까? 속을 모르니 궁금하다. 모두가 화두를 하나씩 가지고 좌선하는데 보이는 것도 아니라 얼마나 진척이 있는 지 궁금하다.

오늘은 오후 쉬는 시간에 관음봉과 마을 쪽을 돌고 왔는데 3시간 30분 정도 걸었다. 다리도 허리도 아프지만 앉는 데는 큰 도움이 되는 것 같다.

천도재 방선

2014년 12월 28일

천도재가 있어서 오전수행은 못했다. 그래서 정토원까지 포행했다. 왕복 80분 거리다. 정토원은 법륜스님 재단인 정토회에서 운영하는 수련원이다. 봉사자들과 입문 수행자들이 봉사로 운영되는 곳이라고 한다. 일하는 사람들이 임금이 없다고 하니 궁금한 점이 많다.

한편으로 생각하면 봉사를 통해서 얻는 것이 돈보다 더 클 것이다. 그것이 통하는 단체라니 신선하다. 다녀오니 땀도 나고 다리도 아프다. 일행은 무슨 일인지 먼저 가버렸다. 혼자서 터덜터덜 걸어오니 수좌스님께서 포행을 나왔다. 빠른 걸음으로 포행을 열심히 한다. 여기 봉암사에서는 최고 통솔자를 수좌라고 호칭한다고 한다. 선원다운 호칭이다.

희양산 정상길.

가장 큰 어르신이다.

날씨가 많이 누그러졌다. 추울 때는 턱도 시리고 볼도 시리고 코도 시린데 크게 느끼지 못하겠다. 체중이 2kg 빠지더니 더 빠지지 않고 머물러 있다. 살이 빠지면 몸도 가벼워지고 앉는 것도 쉬울 텐데, 밥을 많이 줄였는데도 그렇다.

대중들과 함께 하는 시간과 봉암사는 좋은데 공부에는

진전이 없다. 다만 앉아 있는 게 좀 편안해졌다. 그래서 옆에 스님은 선원 쪽으로 계속 다녀도 되겠다고 농담 아닌 농담을 하신다.

그동안 포교 일선에 있느라고 참선공부는 무시했다. 귀중한 시간을 허비하는 일이라며 가치를 느끼지 못했다. 그런데 소임을 자의 반, 타의 반으로 놓고, 본사 생활을 하자니 주지와 마주치는 일도 싫고 대중들은 힘들게 생활하는데 혼자 나다니는 것보다 동안거에 들어가는 게 좋은 기회라 생각하고 온 것이다.

희양산 등산

2014년 12월 29일

희양산은 998미터다. 수 많은 수행자들이 올랐을 것이다. 다과시간에 어느 스님의 정상 등정 제안으로 정상을 오르기로 갑자기 결정되었다. "날씨도 좋으니 오르자"고 한다. 나중에는 눈 오고 추우면 못 오르니 좋은 기회이기도 하다.

화두를 들고 계곡도 걷고, 산도 오르고, 좌선을 하는 것에는 아무런 지장이 없다. 간단히 챙겨서 나섰다. 선원 뒷산을 오르는 길이 A코스라고 한다. 희양산 정상을 오르는 많은 길이 있는데 가장 힘든 길이라고 한다. 점심 먹고 경사진 곳을 빠르게 오르니 다리가 무겁고 숨이 차다. 정상을 오르고 나면 몸도 가볍고 앉기도 쉽다는 생각에 따라 나선 길이다.

한 20분 가니 절벽에 밧줄이 걸려 있다. 직각의 바위가 약

20미터는 되는 것 같다. 보기에 별 것 아닌 것 같아 먼저 내가 밧줄을 잡고 올랐다. 다리를 바위에 붙이고 올라가려는데 몸이 오른쪽으로 돌며 몸무게로 인해서 몸이 처지며 올라가 지지가 않는다. 그래서 갑자기 긴장감이 생겼다. 줄을 더욱 단단히 잡고 사력을 다해서 하체를 상체 위로 올려서 팔 힘으로 올랐는데 밧줄을 감은 나무에 막혀서 잠시 버둥거리다가 무사히 안착했다.

중간에 팔 힘이 빠져 줄을 놓치면 크게 다칠 수 있는 상황이다. 다음 스님이 오르다가 도저히 안 되겠다고 포기했다. 한 사람이 포기하면 다 포기해야 한다. 난감한 상황이다. 도저히 안 되겠다고 한다. 줄을 단단히 잡고 발로 바위를 지지하고 한발은 홈에 지탱해서 오르는데 중간에서 매달려 안 되겠다고 한다. 한참을 생각한 끝에 다른 스님이 밑에서 떠받쳐서 간신히 올라왔다. 다른 두 스님도 무난히 올라왔다. 정상까지 밧줄이 열세 개나 매여 있었다. 첫 관문이 예상 밖이었다. 산 자체가 거대한 바위다.

바위의 상태에 따라 작은 나무, 큰 나무들. 오랜 세월 풍상을 겪으면서 자란 소나무들의 자태가 기묘하다. 번개를 맞아 부러진 나무, 살기 위해 바위에 몸을 똬리 틀 듯 비비

희양산 등반 중 휴식시간.

꼬며 바위에 바짝 붙어 가지만 무성한 나무, 아랫둥치가 굵
으며 위쪽은 가늘며 키는 작고 가지가 사방으로 뻗었는데
가늘다. 오랜 세월을 겪은 모습이 역력하다. 절벽 밑에 너럭
바위에 선 소나무는 홀쭉하고 키가 크다.

오랜 세월을 자랐으면서도 바위 위라 자라지 못해 왜소
한 나무 등 산 전체가 바위고 높아서인지 소나무들이 기이
하다. 눈을 번쩍 뜨게 하는 기이한 모양의 나무들이 많았다.
난관을 헤치고 정상에 서니 가지에 붙었던 눈들이 일행을
환영하는 듯 눈가루가 날린다. 힘들게 올라선 정상에는 '희
양산 998m'라는 표지석이 반긴다.

봉암사가 저 밑에 보인다. 주위의 산들에 푹 둘러싸인 절
은 고즈넉하다. 내려오는 길은 B코스다. 내려오는 길도 만
만찮다. 밧줄을 몇 개 타고 내려와서야 걸을 수 있었다. 희
양산은 보통 산이 아니다. 거대한 바위와 기묘한 소나무, 계
곡을 따라 흐르는 계곡물, 지증대사님이 천 년 전에 절을 세
웠을 때는 수 많은 도인이 배출될 거라는 것을 알고 심산유
곡에 절을 세웠을 것이다. 오늘의 등산은 좌선만큼 훨씬 값
진 시간이었다.

선어록의 재미

2014년 12월 30일

날씨가 흐리고 안개가 꼈다가 걷혔다. 어제 산 정상을 올랐던 탓인지 몸이 찌뿌둥하고 심신이 편하지 못하다.

심신이 편치 못하니 화두가 잡혔다, 놓였다 한다. 『서장』이나 관응스님께 『선문염송』을 배울 때는 재미있었다.

『선문염송』 강의를 들을 때는 한여름이었는데 직지사 만세루에서 전국의 수행자들이 지수 관응 큰스님의 강의를 듣기 위해 모였었다. 그때 나는 강원 다닐 때였는데 재미있게 들었다.

『선문염송』이나 선어록 등에서는 선지식을 찾아간 수행자들의 질문에 기발한 선문답을 주고받는 모습이 담겨 있다. 수행자들이 선지식에게 질문을 던지면 특이한 대답도

희양산 소나무.

있다. 간시궐(幹屍厥, 똥막대기)이라든지 마삼근(麻三斤, 마씨세근)혹은 침묵을 지키거나, 혹은 몽둥이를 휘두르거나(봉, 棒), 고함을 지르거나(할, 喝) 하는 특이한 가르침이 있다. 일반적으로는 이해 못할 것들이지만 옛날에는 가르침의 한 방편으로 사용되기도 하였다.

스승의 가르침을 통해서 깨치기도 하였으나 스스로 깨치기도 하였다.

향산 지엄스님은 위산스님의 질문인 "부모님께서 태어나기 전 너의 본래면목이 무엇이었는지 아느냐?"는 질문에 막혀서 천지를 배회하다가 어느 날 혜충국사(?~775)의 탑을 친견하고 잠자리를 준비하던 중 주변에 있던 기왓장을 던졌는데 그 기와장이 대나무에 맞아 "딱" 소리가 나자 그 순간 그 소리로 인하여 깨침을 얻었다. 자연의 변화와 현상을 보거나 듣고 깨친 납자들도 수 없이 많다.

깨침이란 것이 형식이나 방식에 구애됨이 없는 것이다. 특이한 경우로 원효스님은 해골바가지의 물을 마시고 깨치고 중국에 유학 가는 길을 포기하고 중생교화에 생을 다하셨다.

어제의 희양산 정산 등정은 여느 산과는 다른 감정이었다. 한국 선불교 대표적인 수행 도량의 산으로 조금도 모자람이 없는 곳이다.

가거나 머무름에 자유로와라

2014년 12월 31일

오늘은 갑오년에서 을미년으로 넘어가는 마지막 날이다. 아침부터 눈이 조금씩 내리더니 낮에는 제법 많이 날렸다. 그래서인지 밋밋한 산사에서 연말을 장식하는 특별한 분위기를 연출하였다. 세속에서는 연말연시를 맞아 가족, 친지, 친구, 동료 간에 연하장을 주고받거나 카톡이나 페이스북, 문자를 통해서 서로 감사의 마음을 주고 받고, 선물을 주고받는 등 아주 떠들썩한 날이다.

전화도 텔레비전도 없는 선원에서는 평일과 다름없는 그대로이다. 화두를 잡고 씨름할 뿐이다. 단지 해제와 입제 삭목일이 있을 뿐이다. 나는 말사의 주지로 있을 때에는 꼭 송년법회를 하고 새해의 일출을 구경했다. 그래야만 마음이 편해서 일년이 편한 것 같았다. 선원에서는 일출이니 송년행사를 하는 분위기도 없고 얘기도 없다.

저녁이 되니 바람이 많이 불고 날씨가 차다. 모두가 밝아오는 을미년에는 건강하고 행복하기를 기원해 본다.

『임제록』에 이르기를 "수행자들이여, 지금 나의 법문을 듣고 있는 것은 사대로 이뤄진 그대들의 육신이 아니다. 그대들의 사대를 능숙하게 부리고 있는 사람이다. 능히 이와 같이 볼 수만 있다면 이내 가거나 머무름에 자유롭게 될 것이다."

20여 일이 지났는데도 저녁정진에 편하지가 못하다.

신년(新年)

2015년(불기 2559년) 1월 1일

새해가 밝았다. 금년은 을미년 청양 띠의 해라고 한다.

(1905년 을사늑약이 있던 좋지 않은 역사가 있다. 벌써부터 일본과의 군사정보교환 소식으로 시끄럽다)

양과 같이 열심히 먹고, 열심히 일하면 되는 해인가? 새벽 정진을 하는데 바람소리가 요란하다. 해마다 일출 구경을 하였는데 금년에는 정진으로 시간을 보냈다. 선원이라 새해 첫날 특별한 분위기도 없다.

새해 첫날이나 추위에도 아랑곳없이 바다로 산으로 일출을 구경하기 위해 가까이 혹은 먼 곳으로 떠난 분들도 많을 것이다. 어떤 분은 해외로 심신의 피로를 풀기 위해서 가족여행을 떠난 분들도 많을 것이다.

새해 등산.

　신년을 맞아 가족들 간에, 지인들 간에 그간 감사의 마음
을 담은 글이나 새해의 희망, 건강을 기원하는 문자나 엽서,
메시지를 밤새 보내고 음식이나 술자리를 혹은 찻자리를 마
련해서 즐거운 시간을 보내는 분들로 새해 밤 또한 지새울
것이다. 절에는 그런 것이 없다.

　오전에는 정진을 예정대로 하였다. 점심 발우공양 시간에
어느 스님의 제의로 자유 정진하기로 하였다. 나는 희양산
정상에 오른 여파로 몸이 피곤하고 간밤에 잠도 푹 자지 못

해서 쉬기로 마음먹었는데 옆 스님이 간단한 코스로 등산하기를 권했다. 절대 가지 않겠다고 했는데 가만히 생각하니 일출도 보질 못했고 또한 새해 첫날이라 그냥 있는 것보다는 등산하는 것이 훨씬 의미 있는 일이라 옆 스님에게 가자고 권했다. 예상했던 대로 몸이 피곤해서 못 가겠노라고 한다. 나 역시 새해 첫날 등산은 의미 있는 일이니 가자고 재촉하니 그제야 그러겠노라 했다.

아이젠과 각반을 차고 나가니 일행이 5명이다. 계곡을 건너 절 맞은편 산으로 오르는데 처음에는 완만히 오르다가 급경사가 나타났다. 정상에 오른 여력을 발휘해서 빠르게 오르니 따라오는 분들이 처진다. 정상쯤에 오니 문자 들어오는 소리가 계속 울린다. 내려오는 동안 새해인사를 보고 답장을 쓰느라 처졌다. 처진 만큼 뛰어서 따라가곤 했다. 땀이 많이 흘러서 기분이 상쾌하다. 가기 싫은 등산이었는데 다녀오니 여러 가지로 기분이 좋다. 다들 즐거운 등산이었던 것 같다. 바람은 불지만 날씨가 좋다. 일행들은 다각실로 차 마시러 가고 나는 빨래와 샤워를 마치고 다각실로 갔다.

다각실에는 벌써 원두커피를 마시고 이야기를 하고 있다. 그래서 내가 보이차를 뽑겠다고 하니 다들 좋다고 한다. 백담사에서 온 스님이 자기가 좋은 보이차가 있으니 대접하겠다고 했다. 그래서 얼마나 좋은 차가 있을까 궁금했는데 30년 즈음 된 타차를 가져왔다.

차를 준비하고 우려서 잔을 내는 솜씨가 민첩하고 조용하다. 차 맛을 보더니 다들 좋다고 한다. 대부분의 차가 기대에 미치지 못하는 경우가 많은데 숙차지만 맛이 좋은 것 같다.

사람들은 원두커피가 좋아 많이 마시는 것 같은데 나는 아무리 마셔도 원두커피 맛을 모르겠다. 설탕이나 밀크를 첨가한 경우에는 맛을 즐기는데 원두는 영 맛이 시원찮다.

백담사 스님의 원두커피와 보이차를 마신 스님들이 한결 등산의 피로를 털어내고 행복해 보인다. 야간 정진이 오늘은 즐겁다. 새벽 정진에 이은 등산과 차시간을 가져서인지 힘이 들지가 않다. 야간 정진을 마치고 나오니 눈이 날린다.

연말 마지막 날에는 아침에 눈이 내리고 새해 첫날밤에 눈이 오니 참 분위기 좋다. 골짜기 바람이 불고 매섭게 춥다. 야간의 기온이 영하 13도다, 춥지만 마음만은 따뜻한 날이었다. 모두가 작은 행복이라도 누렸으면 한다.

스스로를 믿고 수행할 뿐이다

2015년 1월 2일

임제스님 가라사대 "수행자들이여! 오늘날 도를 배우는 사람에게 가장 중요한 것은 스스로를 믿는 것이다. 밖에서 찾아서는 안 된다. 모두 다 옛 사람들이 방편으로 설한 문자와 언설에 휩쓸려 어떤 것이 삿되고 무엇이 바른지 구분을 못하고 있다." - 종광스님『임제록』150

임제스님께서는 납자들을 훌륭하게 보고 계시나 아직 미혹한 중생들은 옛 사람들의 발바닥에도 미치지 못하니 너무나 부끄럽다.

깨치려고 앉았으나 밥만 축내 온 밥버리지일 뿐이다. 식충이다. 번뇌는 보리라고 했으나 번뇌만 일어날 뿐이고 보리는 보이지 않는다.

봉암사 계곡 눈길.

　과거에 잘한 것은 생각에 없고 못된 짓 한 것만 구름처럼
피어난다. 부처님의 머슴으로 많은 일을 했다고 자부하지만
내 스스로 자랑하는 것은 부끄러운 일이다. 꾀꼬리 새끼나
비둘기 새끼를 키운다고 잡아 온 일이나, 재미로 잡은 고기
들에게 미안하고 좀 더 관용을 베풀지 못하고 지나친 일들
에 참회를 하고 참회진언을 한다.

"옴 살바못자 모지 사다야 사바하."

밥값은 하지 못하고 앉았으니 시주의 은혜만 무거워진다.

부처님 가르침 따라서 살려고 노력은 하나 능력은 없고 시간은 모자라 잘 되지 못한다. 옆 동네 정토수련원은 전국에서 수련생들이 버스로 모여든다. 골짜기에 생업을 미루고 공부하기 위해서 온다니 놀랍다. 수련생들과 백일출가, 행자대학원을 운영하고 봉사자 등 상주하는 식구가 80명이 넘는다고 한다. 일하는 사람들은 봉사자다. 보시가 전혀 없다고 한다.

저녁 먹고 계곡 따라서 포행을 하는데 맑은 하늘에 달이 떠 있고 계곡에 휘몰아치는 바람은 갈피를 잡지 못한다.

"믿음은 깨침의 으뜸이고 공덕의 어머니다."

차담

"수행자들이여! 그대들은 제방에서 닦을 것도 있고 깨달음도 있다고 말하나 착각하지 마라. 설사 닦아서 얻을 것이 있다고 해도 그것은 모두가 생사유전의 업이다."

임제는 임제고 나는 나다. 그래서 나는 아직 미혹하여 닦지 않으면 귀굴에 사는 것 같아 닦지 않으면 삼악도를 면치 못할 것이다.

바람이 불지 않아 춥게 느껴지지 않는다. 바람이 여름에는 시원하지만 겨울에는 춥다. 이 추운 겨울에도 높은 나무에 찬바람을 먹고 사는 겨우살이는 싱싱하다.

선원에 오기 전까지는 답답한 선원에 갇혀서 어떻게 사는지 이해가 되질 않았는데 막상 경험해보니 생각한 것하고는

다르다. 화두를 드는 것도 망상을 피우는 것도 그렇긴 하지만 누구하나 게으름 피우지 않고 정진한다.

　점심 공양을 마치고 차담이 나왔다. 차담에는 떡도 있는데 여러 가지 재료를 쓰고 색깔도 다양하게 써서 먹음직스럽게 만들었다. 밥을 먹은 뒤라 떡과 빵을 잘 안 먹었는데 오늘 차담은 정성이 너무 많이 든 것 같아서 감사히 먹었다.

　오늘 하루가 간다. 겨울 하늘에 달빛과 별빛이 초롱초롱하다.

점심 공양 후 차담.

삭목일

음력 14일이니 삭목일이다. 삭목은 삭발하고 목욕하는 날이란 뜻이다. 선원의 오래된 전통이다. 몸이 허해지는 것을 막기 위해서 특별히 찰밥도 하고 김도 구워낸다.

삭목일은 새벽정진과 저녁정진만 하고 낮에는 삭발목욕과 밀린 빨래를 하고 도반들과 차를 마시며 이야기하기도 한다. 또 일부는 아침에 준비한 김밥을 걸망에 메고 등산을 하기도 한다. 보름 만에 하는 일이다. 지친 몸을 쉬게 하는 휴일인 셈이다. 요즘은 토, 일요일이 쉬는 날인데 보름 만에 갖는 시간이니 오랜 전통이다.

불교에서 부처님께서는 삶의 일부만 소유를 허용하셨다. 그리고 용모에 신경 쓰지 않고 머리카락을 관리하는데 시간

희양산 봉암사 계곡.

을 허비하지 않기 위해서 머리를 기르지 않는다. 불교에서는 머리카락을 무명초라고 한다. 무명초(無明草)란 '어두워서 지혜가 없다'는 뜻이다.

불교의 무소유 정신은 수행에 방해받지 않고 또한 청빈한 삶으로 가난한 사람들의 의지처가 되는 모습이 되기도 한 것이다.

현대는 사회가 불교에 적극적인 실천을 요구하는 시대가 되어서 공기(共器)로서의 소유가 허용되고 있다. 즉 재산은 있되 사회를 위해서 활용하는 재산인 셈이다.

어린이 교육기관 건립이나 복지관 등의 건립을 통해서 적극적인 사회활동에 참여하게 되는 것이다. 입적(入寂, 죽음) 시에는 개인의 모든 재산이 교단에 환원되고 삼보정재로 남겨지게 되는 것이다.

며칠간 춥더니 날씨가 많이 따뜻해졌다. 내일이 보름이라 조용한 산사에 달빛이 가득하다.

첫철 납자들을 위한 시간

2015년 1월 5일

간밤에 안개가 살포시 내려앉고 달빛이 지그시 비쳤다. 별들은 안개에 가려 보이지 않는다. 새벽공기가 차지 않아 숨을 들여 내쉬니 표현할 수 없는 향기가 있다. 아침이 돼서 경내를 돌아보니 나무에도 안개꽃이 피어 있다. 겨울 속에 봄이 있으니 그간 쌓였던 눈이 녹아내렸다.

아침공양으로 잣죽을 먹었다. 정기적으로 아침에 죽을 먹는다. 어릴 때는 저녁으로 죽을 매일같이 먹었다. '갱시기'라고 해서 쌀과 시래기를 넣고 끓이면 죽이 됐다. 요즘 생각하면 무쇠 솥 장작불에 끓이는 그런 죽이 좋은 것이지만 그때는 먹기 싫은 음식이었다. 죽이 아니면 수제비나 칼국수를 먹었다. 요즘은 칼국수도 수제비도 좋은 음식이다. 특히 칼국수는 먹다 남은 것은 장독대에 올려놓곤 했는데 아침에 먹으면 맛이 더 있다. 장독대 위 칼국수 맛은 아직도 잊지 못한다. 장독대 위 칼국수는 내 차지였다. 오늘 오전에는 포살과 보름기도를 했다. 포살에서는 스님들이 지켜야 할 십중대계와 사십팔 경구계를 독송하며 지킬 것을 다짐한다.

저녁에는 수좌스님의 특강이 있다. 이 특강은 초심자 스님들의 좌선공부를 안내하는 것이다.

방장스님을 방장이라 부르지 않고 수좌라고 호칭하는 것은 봉암사 선원의 전통이다. 수좌란 선수행하는 스님들을 일러 지칭하는 말이다. 이곳 봉암사는 행정승인 주지가 있고 그 위에 대장격인 수좌스님이 계신다. 입승스님은 대중들과 똑같이 정진하며 대중들을 통솔하는 분이다.

저녁 특별행사는 스님들이 질문을 하고 수좌 적명스님께서 답변하는 형식이 되었다.

나의 질문은 향엄 지한스님께서 화두타파를 위해서 행각을 하던 중 혜충국사의 탑을 친견하고 잠자리를 준비하던 중 우연히 기왓장을 던졌는데 대나무에 맞으면서 "딱"하고 나는 소리에 깨쳤는데 그 경지를 어떻게 설명하십니까? 이었다.

스님께서 "그것은 설명할 수 없다"고 하셨다. 마지막으로 당부 말씀을 하셨는데 "외연을 끊고 공부 욕심을 내지 마라"고 하셨다. 공부가 무르익지 않았는 지 의미를 알 듯 말 듯 하다.

저녁 문답을 마치고 내려오니 사방이 캄캄하다. 보름달은 간데 없고 겨울비만 대지를 적신다.

봉암사 정진대사 탑비.

대중공양

2015년 1월 6일

　새벽 예불을 나가는데 비가 내린다. 어제 따뜻하더니 눈이 아닌 비가 내린다. 새벽 정진을 마칠 때까지 내리더니 아침공양 가는데 그쳤다.

　겨울 속의 봄날처럼 따뜻하더니 비가 내렸다. 여름에 우박이 내리고 겨울에 눈 대신 비가 오니 '여름이다 겨울이다' 하는 것은 사람의 인식이 그러할 뿐이다

　오늘은 천수봉사단에서 대중공양 오는 날이다. 주지로 있을 때 같이 봉사했던 분들인데 그만두면서 봉사활동을 같이 하는 분들의 모임이다. 복지법인을 만들고 좀 더 조직적으로 관리해야 하는데 그렇지 못했다. 버스로 오셨는데 노인분들이 더 많이 오셨다. 법당 사시기도를 마치고 수좌스님

의 법문을 들었다. 덕담 형태로 말씀을 해주셨다.

참 좋은 만남이다. 학생들의 학년에 맞는 기도법을 알려 주셨다. 중학생 수준의 기도는 부처님께 기도를 할 때는 소원이 있다면 그 소원을 세 번 내지 일곱 번을 말할 것이며 그 이상의 기도는 필요치 않다고 하신다. 부처님께서 이미 다 알고 계시기 때문에 그것으로 충분하다는 것이다.

고등학생의 기도는 남을 위해서 기도해야 한다는 것이다. 대학생 수준의 기도는 부처님 대신 봉사를 실천해야 한다는 것이다. 법문 뒤에는 신도님들의 박수가 터져나왔다.

그리고 여담으로 제주도에서 진주 다보사로 출가하고 그 절을 나올 때 뒤도 돌아보지 않고 하루 종일 걸었는데 저녁이 돼서 어느 절을 물어서 찾아가니 일주문도 기울었고 법당 문을 여니 쥐가 놀라서 도망가고 나한전을 참배하니 팔 없는 나한님 머리가 깨져있고 새끼로 묶은 나한님 등 정말 형편없는 절에서 하루를 묵게 되었다고 한다.

간신히 저녁을 먹고 아침거리를 준비하기 위해서는 푸른 보리를 베 와서 손으로 비벼 보리알을 만드는 형편이었다고 한다. 그 절의 주지스님은 부인이 있었고 미인이었다고 한다. 그 주지스님의 부친도 스님이셨고 아들은 광주에 공

봉암사 마애보살좌상.

부하라고 보냈더니 출가한다고 집 나간 지 삼년이 되었다고
한다.

　찌든 가난에 겨우 아침을 얻어먹고 나오는데 보살이 따라
나오면서 조금만 기다려 달라고 하고서는 좁은 길을 따라서
동네로 가는 것을 보고 스님께서는 고맙다고 인사하고 도망
치듯이 달아났다고 한다. 그 보살님이 끝까지 따라오면서
포기하지 않아서 도망가기를 포기하고 기다리셨단다. 보살

이 눈물을 흘리면서 봉투를 내밀면서 부탁이 있다고 하시더라. 그 부탁은 아들이 어느 절에 어느 스님 앞으로 출가했는지 알고 싶다고 하기에 스님께서는 알았다고 하시면서 만나면 꼭 집에 가서 부모님을 뵈라고 전하겠다고 말씀하시니 보살님은 그게 아니라면서 말씀하시기를 "우리 스님을 보면 집 생각 부모 생각 하지 말고 열심히 수행하라"고 이 말 꼭 전해달라는 거였다. 적명스님께서는 너무 감동하셨다고 한다. 적명스님의 말씀을 들은 나도 마음이 울컥해졌다.

점심도 늦추시고 보살들님들께 웃으시면서 법문하시는 게 너무 감동적이다. 웬만한 분이면 냄새난다고 인사만 받고 마실 텐데 싫다 하지 않으시고 끝까지 웃으시면서 대해 주시니 너무 고맙다.

점심 공양을 하는데 수좌스님과 함께 차려 주신다.

이것저것 말씀해 주시고 삼년만 함께 수행하자고 하시기에 갑작스런 질문이라 "예"하는 일이 벌어져 버렸다. 책임 못 질 대답에 내내 미안한 생각이다. 나를 그렇게 생각해 주시니 감사할 따름이다.

점심 공양을 마치고 마애불 참배를 갔다. 다리가 안 좋은 분들은 절에 남았다.

남훈루 앞 돌다리를 지나 걷는 오솔길은 공양 오신 신도님들의 전용 길이다. 계곡을 따라 걷는 꼬불꼬불한 오솔길은 소나무 뿌리와 돌들이 서로 엉겨 있다.

길을 걷는 동안 계곡물 소리와 공기 분위기에 속세의 찌든 몸의 피로와 마음의 고달픔을 훌훌 털어버리면 자신이 정화되고 몸과 마음이 젊어진다.

계곡에 모셔진 마애보살좌상은 대각국사 의천스님의 원불이라고 한다. 발원 기도하는 곳으로 고려 말 양식의 불상이다.

버스에 올라 가시는 분들에게 간단한 말씀을 드렸다. 이곳 신령님들이 비를 뿌려 오시는 길을 청소하고 백두대간의 단전에 해당한다는 천년 선찰에 오신 것은 새해의 큰 복이니 건강하시고 기도 잘 하시라고 말씀드렸다.

버스가 갈 때까지 손을 흔들어 드리니 따스한 마음이 느껴진다.

새벽에 비가 내렸지만 낮에는 날이 좋았다. 밤 정진을 마치고 하늘을 바라보니 보름은 지났지만 달이 환히 비추고 별이 빛난다.

외도의 법

2015년 1월 7일

"수행자들이여! 어떤 머리 깎은 눈먼 사람들은 배불리 밥을 먹고 나서 바로 좌선하거나 관행을 하면서 번뇌 망상을 꽉 붙들어서 일어나지 못하게 한다. 시끄러운 것을 싫어하고 고요함을 구하는데 이것이 다 외도의 법이다."

- 종광스님 『임제록』 165

새벽예불을 다녀오니 달이 휘영청 밝다. 어젯밤에는 동쪽에 떠 있더니 새벽에는 서쪽에 기울어 있다.

봉암사 계곡은 30리에 걸쳐서 서쪽에서 나와서 동쪽으로 흐르는데 맑기는 수정 같고 맛은 무엇에 비교할 수 없다.

오늘은 상주에서 혜안스님이 손수 만든 곶감을 고운 포장

용추폭포.

박스에 담아서 보내주었는데 너무 고맙다. 스님들이 먹어보더니 한결같이 맛있다고 한다.

부처님 법대로라면 주는 분은 복짓는 분이고, 받는 사람은 은혜를 빚지는 일이다. 은혜는 이자도 늘어날 것이니 부지런히 갚아야 할 것이다. 함부로 과식해서도 안되겠다.

바람이 차다. 수요일은 식당 공양이다. 점심거리로 만둣국과 군만두, 과일 샐러드를 준비했고 후식으로는 두리안이 나왔다.

두리안은 수입한 것이다. 신선하지는 않지만 단백질과 나름의 맛이 있어서 좋아한다. 먹다 남은 것은 눈 속에 묻어두었다. 내일 오전 정진이 끝나면 내어먹을 것이다. 눈 속에 묻어두면 훌륭한 숙성 냉장고가 된다.

밤 아홉시가 되니 동쪽에서 달이 떠오른다. 시원한 물로 목을 축이니 잠이 온다. 꿈속의 나는 논리적으로 이해 할 수 없고 상대들도 이해가 안된다.

이 눈먼 사람들아

2015년 1월 8일

"수행자들이여! 그대들은 어떤 노스님의 설법을 듣고서 그것이 참된 도라고 여긴다. '이 선지식은 참으로 불가사의 한데 나는 범부의 마음이어서 감히 노스님의 생각을 헤아려 볼 수 없다'고 한다. 이 눈먼 사람들아! 그대들은 평생을 이러한 견해만 지으면서 지혜의 눈을 저버리는구나."

— 종광스님 『임제록』 167

한 생각 일으키니 번뇌 망상이며, 한 생각마저 없으면 죽음이라, 번뇌와 죽음 함께 구덩이에 파묻으리라.

부처님께서는 망어와 기어, 양설, 악구의 업을 짓지 말고 지었으면 참회하라고 하셨으니 진실로 참회한다. 정법을 믿고 따르지 아니하면 마왕의 종속이니 지혜의 두 눈을 가진 수행자는 마왕의 꼬임에 빠지지 않을 것이다. 지혜의 눈을 가진 수행자는 눈을 감지 않으니 삼신불과 함께 겨룬다.

봉암사 입구 하천.

수행의 길

오늘도 수행자들 보리의 싹은 자란다. 추위 속에서도 보리의 싹은 자란다. 그런데 세상은 불타고, 죽고, 무한경쟁의 시대이다. 이기기 위해서 선의의 경쟁과 능력을 인정받아야 하고 그것도 모자라 과도한 충성과 갖가지 술수가 난무하다. 좋게 보면 능력에 따른 기회가 부여되고 이면에는 진흙 싸움도 치열하다. 또 사사로이는 큰 수레에 가득 상납해야 통한다.

여기서는 자신과의 싸움이다. 싸움에 있을 법한 맹렬한 투지와 기개가 보이지 않는다.

달이 중천에 머물면 방선 죽비소리가 나고 입선은 달이 서쪽에 머무르면 경내에 울린다.

봉암사 입구 빙벽.

　정진에 열중하다 보니 허리에 이상이 생긴 스님, 이를 악물어서 이가 상한 스님, 무릎에 이상이 생긴 스님 등 몸이 상해도 치열한 수행은 끝이 없다.

　무명을 타파해 해탈을 이루는 것이 어찌 쉬우랴. 부처님 제자인 아나율 존자는 부처님 법문 때 졸다가 꾸지람을 들고 그때부터 눈이 멀도록 잠을 자지 않고 수행해서야 천안통을 얻었다. 통도사의 어느 스님은 아무리 수행해도 깨침을 얻지 못하자 자신이 가졌던 전 재산을 스님들께 베풀고 내생에 깨침을 기약하고 스스로 죽음을 택하는 슬픈 일도 있었다.

의상스님은 낙산사 홍련암에서 관세음보살님의 진신을 친견하기 위해서 기도를 끝없이 했으나 친견하지 못하자 인연이 없음을 한탄하고 바다로 투신하였다. 그때 관음보살님께서 나투시어 의상스님을 구해 올린 이야기는 유명하다.

혜가스님은 달마대사님이 훌륭한 스승임을 알고 찾아가 제자가 되기를 청하였으나 거절당하였다. 그러나 굽히지 않고 제자 되기를 원하자 믿음을 보이라고 하였다. 그 즉시 혜가스님은 왼쪽 팔을 베어 달마스님에게 바치니 그제야 제자 됨을 허락하셨다.

전생의 부처님은 나찰의 법문을 듣고 눈이 번쩍 뜨여 마지막 법문을 듣기 위해서 자신의 육신을 나찰에게 던져 주고 나서야 마지막 법문까지 들을 수 있었다.

해탈의 길은 험난하다. 누구나 불성이 있고 누구나 깨칠 수 있지만 노력의 차이에 따라 그 결과가 있을 뿐이다.

모두가 소꿉장난

"수행자들이여! 제방에서 말하기를 닦아야 할 도가 있고 깨우쳐야 할 법이 있다고 하는데 도대체 무슨 법을 깨치고 무슨 도를 닦아야 한다는 말인가. 그대들이 지금 쓰고 있는 것에서 어떤 물건이 모자란단 말이며 어떤 것을 닦고 보완해야 한다는 말인가." – 종광스님 『임제록』

사람들의 걱정이란 끝이 없고 앉으면 땅이 꺼질까, 일어서면 하늘이 무너질까 걱정이다. 걱정도 팔자인 것이 사람이다.

닦아야 할 법도 깨우쳐야 할 도(道)도 다 소꿉장난이 아닌가? 도림선사는 나무 위에 앉아서 살았다. 세상이 워낙 험하다 보니 바람에 흔들거리는 나무 위가 차라리 더 안전하다는 생각에서였다.

봉암사 경내.

"도를 닦는 것도 못난 짓이요, 도를 깨쳤다고 하는 것도 못난 짓이라." 임제스님의 가르침이야 말로 감로수가 아니고 무엇이겠는가?

어제는 대자원 혜조스님께서 뜻밖의 선물을 보내셨다. 손수 천연염색으로 만든 검은색 목도리와 초콜릿, 여러 스님이 마실 수 있는 아리산 오룡차를 보내왔다. 마음은 있어도 보내기는 어려운데 귀한 선물 너무도 고맙다.

오늘은 구미시장님께서 귀한 걸음을 해 주었다. 공사로

바쁠 텐데 이곳 봉암사를 꼭 다녀가셔야 한다고 했더니 오셨다. 구미시장님과 수좌스님께서 오랫동안 이야기를 나누셨다. 흐뭇한 풍경이다.

그런데 수좌스님께서는 구미시장님께 부탁하시기를 대혜스님을 볼 때마다 봉암사에 공부하러 가게 하라고 하신다. 참으로 영광스러운 말씀이다.

봉암사는 '백두대간의 단전'에 해당하는 '천하의 복지'라고 한다. 그리고 전국의 참선하는 스님들이 '최고의 공부도량'으로 생각하고 신명을 바쳐 수행하는 곳이다.

이불 털던 날

2015년 1월 11일

옛 사람이 이르기를, 길에서 도에 통달한 사람을 만나거든 도에 대해서 말하지 말라고 했다. 그래서 말하기를 만약 어떤 사람이 도를 닦는다고 하면 도는 행해지지 않고 오히려 만 가지의 삿된 경계들이 나타난다.

새벽에 바람은 고요하고 달이 찌그러지고 있다. 아침 공양을 하고 오는데 함박눈이 내린다. 마당에는 눈이 제법 쌓였다. 서기가 여덟시에 제설작업 한다고 알린다. 제설작업과 언 땅에 흙깔기를 마치고 함께 차를 마시는데 "대혜 스님이 뭔 일로 새벽에 이불을 털고 방 청소를 했는지 궁금하며, 그 덕에 눈이 내려 아침 정진을 쉬게 되었다" 는 농을 하신다. 말씀을 참 재미있게 하신다.

신기하게도 일기예보에는 전혀 눈 얘기가 없었다. 그런데 전혀 하지 않던 청소를 하고 나서 거짓말같이 눈이 오니 신기하셨던 것이다.

스님의 방 청소나 옷 세탁은 누가 대신해 줄 사람이 없다. 오로지 스스로 해야 할 뿐이다. 며칠 만에 눈이

제설작업.

내려서 고된 정진을 쉬고 빨래도 하고 산행도 한다. 이런 날은 군인이 휴가 가는 날과 같다고 한다.

'만 가지의 삿된 경계'가 없다면 도도 없을 것이다. 도가 하늘에서 떨어지는 것도 아니고 땅에서 솟아나는 것도 아니다. 그 삿된 경계를 처방한다면 혜능의 손자가 될 것이나 그렇지 못하면 시정잡배가 될 것이다.

잡초가 자라는 땅이라야 농작물이 되는 것이지 그렇지 못하면 황무지인 것이다.

도는 사람을 가리지 않으며 성도 가리지 않으며 지역도 가리지 않는 것이니 단지 혜가의 성품만 있으면 이룰 것이다.

백운대 포행

2015년 1월 12일

"수행자들이여! 무슨 물건을 찾고 있는가, 지금 바로 눈앞
에서 법문을 듣고 있는 어느 것에도 의지함이 없는 무위도
인은 너무도 역력하고 분명해서 조금도 부족함이 없다."

아침햇살이 희양봉 봉우리에 밝게 비친다. 큰 방에 정좌
해 있으니 까마귀가 울고 새들이 지저귄다. 잠시 후 어딜 갔
는지 조용하다.

햇살이 유난히 좋은 날이라서 월봉토굴에 갈까 했는데 일
행을 따라서 용추토굴 개울까지 갔다가 돌아내려 왔다. 눈
이 많이 녹았다.

토끼가 있다고 해서 쳐다보니 큰 바위 아래 빈 공간에서
햇볕을 쬐고 있다. 사람이 쳐다봐도 사진을 찍어도 도가 터

진 토끼인 양 꿈쩍도 하지 않는다.

월봉토굴 올라가는 입구에 도착하니 두 시간이 걸렸다. 생각을 바꾸어서 백운대로 가기로 했다. 정진에 방해가 될까 해서 머뭇거렸지만 나는 백운대로 걸음을 옮겼다.

눈이 녹으니 오솔길에 나무뿌리와 길에 박힌 돌들이 드러났다.

이삼십 분을 오르니 월봉 가는 길과 백운대 가는 길이 갈렸다. 오른쪽으로 꼬불꼬불 오솔길이 있다. 내려갔다가 올라갔다가 하니 백운대가 보인다. 양쪽에 계곡이 있고 그 사이 능선이 있는데 능선의 봉우리 위에 백운대가 있다.

백운대라는 현판은 고운 최치원 선생이 쓴 글을 판각한 것이라고 한다. 건물 안쪽에 백운암이라는 현판이 걸렸는데 멋있다. 열 평 남짓한 건물 주변은 깊지 않은 벼랑이다. 건물 뒤에 두어 평 남짓한 관음전이 있다. 원래는 산신각이었다고 한다. 졸졸 흐르는 물이 있어 맛을 보니 천하제일의 약수다.

백운대에 서서보니 희양산의 주봉인 희양봉이 가까이 있다. 꼭대기에는 샘물이 난다고 한다.

미공스님이 계셨는데 원래는 법명이 정래였는데 바꾸었

백운암 편액.

다고 한다. 인사를 하고 가져간 책과 차를 건넸다. 여러 가
지 차가 있는데 커피를 권하며 스님이 좋다고 한다. 원두커
피를 갈아서 솥에 끓인 물로 뽑아서 주는데 맛이 최고다. 천
하제일의 물을 만난 원두커피는 천하제일의 맛이었다.

미공스님은 밤에 잠을 적게 자기 위해서 커피를 마시고
자기 전에 물을 많이 마신다고 한다. 그래야 오줌 때문에 빨
리 일어나서 정진할 수 있기 때문이라고 한다.

미공스님을 직지사에서 이십년 전에 만났는데 그때나 지
금이나 변함이 없다.

부산에서 주지를 했는데 세속에 야합하고 양심을 파는 것
같아서 도반에게 절을 맡기고 공부를 마치기 위해서 백운대
에 머문다고 한다.

갔던 길 보다 내려오는 길이 가파르다. 깜깜한 밤하늘에
별빛이 아름답다. 고요한 적막 속에 시계소리만 요란하다.

동안거 삼락(三樂)

2015년 1월 13일

지금도 사미계를 받고 강원에서 공부할 때의 즐거움을 잊지 못한다. 그때는 배우는 즐거움도 있었고 도반들과 어울리는 즐거움도 있었다. 시험이 있었다면 즐거움을 얻지 못했을 것 같다.

선원을 밖에서만 지켜보다가 막상 삼십 육년 만에 참여하려니 걱정도 있었다. 무엇보다 자유롭게 지내다가 대중생활을 한다는 것에 대한 부담이 컸다.

점점 생활에 적응해 가니 힘든 것보다는 즐거움이 더 크다. 그 중에 세 가지의 즐거움이 있다.

첫째는, 일기 쓰는 즐거움이다. 정진과 새벽, 사시, 저녁 법당 참배, 아침, 점심 발우공양도 익숙해졌다. 그 중에 매일 일기를 쓰니 선원 생활이 더 풍부해지는 것 같다. 사실 선원에 올 때 일기 쓴다는 생각을 못했다. 단지 메모 정도만 할 것이라고 생각했다. 처음부터 쓰지 않았다면 일기쓰기는 엄두를 못 냈을 것이다. 스님들과 어울리다 보

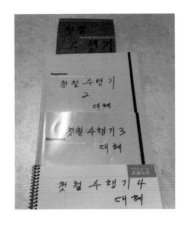

면 시간을 내지 못하기 때문이다. 나는 원래 글 쓰는 것을 싫어했다. 싫어했다기보다는 글씨체가 엉망이다. 그러다 보니 수필보다는 시 쓰는 것을 좋아했는데 주지소임을 보다 보니 자연히 멀어졌다. 나에게 있어 일백여 일 간 장문의 일기(수행기)를 쓰는 것은 개인적으론 상당히 놀라운 일이다.

둘째는, 차 마시는 시간이다. 오전 정진을 끝내면 법당에 올라갈 때까지 시간이 있다. 그 시간에 차를 마신다. 나는 차나 커피를 마시면 수면에 지장을 받는다. 잠이 오지 않거나 일찍 깨기 때문이다. 실제로 정해진 시간보다 늦게 자거나 일찍 깨는 일이 많다. 그래서 찻잔 세트를 빌릴까 말까 고민도 했다. 갖가지 차는 대중공양이 들어오기도 하고 인

연처에서 사거나 얻기도 한다. 오전 정진 뒤에는 보이차나 오룡차를 주로 마시고 원두커피는 오후에 마시는데 나는 맛을 모르기 때문에 끼지 않는다. 차 마시는 시간에는 한담에 정신이 팔려 허리 다리 아픈지도 모른다. 차를 마실 때 팽주는 내가 그 역할을 한다. 잘은 못하지만 다년 간 마셔보고 우려낸 경험이 있다. 그래서 대체적으로 만족한다. 원두커피도 훌륭하지는 못하지만 솜씨를 발휘한다.

세 번째 즐거움은 포행이다. 굳이 이야기하지 않아도 되겠지만 포행도 크게는 참선이다. 포행은 좌선을 하면서 굳어진 몸을 푸는데 중요한 역할을 한다.

희양산은 희양산을 중심으로 산들이 첩첩이 쌓여있고 그래서 골이 깊고 면적이 넓어서 포행로가 많다. 오랜 시간 먼저 가신 스님들께서 다녔던 길을 걷는 것은 큰 행운이다.

스님들이 많이 다니는 포행로는 용추토굴이나 옻밭 쪽이다. 큰 계곡을 끼고 걷는데 두 시간 정도 걸린다. 봉암사에서 희양산 정상으로 가는 길은 여러 개인데 나는 가장 험한 A코스로 올라가서 B코스로 내려왔다. 힘이 들지만 경치는 좋은 곳이다. 관음봉이나 애기암봉도 오르고 두 봉우리 사이 고개를 지나면 산길이 있는데 마을 쪽으로 내려가서 통제소 쪽으로 오면 세 시간 거리이다.

봉암사는 스마트폰 사용이 불가능하다. 그래서 스님들이 간혹 점심을 먹고 스마트폰 사용을 위해서 페이스북이나 카스, 카톡을 확인하기 위해 원로선원을 지나 동네 쪽 산등성이를 돌아오기도 한다.

나는 봉암사 오기 전에 운동을 하지 않아 산에 오르면 숨도 차고 점점 살이 쪄서 적극적으로 포행을 해야 했다. 무릎이나 발목 관절 통증 때문에 심한 운동은 많이 하지 못했다.

선원 뒤쪽의 희양산 아래에는 암자가 여러 개 있다.

월봉토굴은 선원에서 바라보는 희양산의 좌측에 있으며 B코스를 오르내리는 길목에 있다. 백운대는 희양산 주봉의 아래에 있으며 가장 높이 있다. 백운대를 내려오면 좌측에 환적대와 백련암이 있다.

각 처소에 다닐 때는 정진에 방해가 되지 않게 다녀야 한다. 오솔길과 바위 소나무들로 이루어진 포행 길은 오랜 시간동안 만들어지고 세속에 물들지 않아 돈으로도 명예로도 살 수 없는 값진 길이다.

희양산의 장엄함에 좌선하는 내가 겨자씨 같은 느낌이 든다.

장작 울력

새벽 밤하늘에 달도 별도 없다. 단지 어둠만이 있을 뿐이다. 새벽 정진이 많이 쉬워진 것 같다. 밤 잠을 설친 것 때문에 피곤했는데 덜 피곤하고 시간도 빨리 간다.

새벽 정진 마치는 죽비를 치기 전에 서기가 오전에 장작 패기 울력이 있다고 한다.

집에 있을 때 나무를 자르거나 장작 패는 것은 모두 내가 하는 일이었다. 강원에 있을 때도 점심 먹고 스스로 장작을 팼다. 장작을 팰 때 작은 나무는 두 동강 큰 나무는 네 동강을 만든다. 장작패기를 계속하니 없던 근육도 생겼다.

평생 나는 근육이 없는 줄 알았는데 복근이 생기니 더 열심히 했다.

도끼를 받아들고 나무 몇 개를 쪼개니 땀이 흥건하다. 마른 나무라 그런지 잘 쪼개진다. 여러 스님이 도끼질을 하니 조용하던 절이 도끼 소리로 요란하다.

한 시간 정도 쪼개니 많던 나무들이 얼마

포행로.

남지 않았다. 마치고 돌아오니 시간이 많이 남는다. 평소보다 찻자리가 일찍 시작돼서 한담이 길었다. 스님의 강원시절 이야기로 배꼽 빠지게 웃었다.

온 종일 구름이 끼어서 마음이 차분하다. 날씨도 포근하다.

임제스님 말씀이 생각난다,

"수행자들이여! 착각하지 마라. 세간이나 출세간이나 모든 법은 다 자성이 없으며, 또한 태어나는 일도 없다."

생활의 변화

　봉암사 선원에 오면서 가장 걱정한 것은 생활에 적응이 되느냐는 것이었다. 첫 주지 소임을 보면서 사찰 주변에 고층 아파트 건립이 사찰의 수행권을 크게 침해하는 일이 생겨서 삼년 간 낮에는 관계기관에서 시위하고 밤에는 문서를 작성하느라 보통 자정이 넘어서 취침했다. 아파트 문제가 끝나고는 불사를 하면서 생기는 민원으로 불면의 시간을 보내야 했다. 그 때의 생활패턴은 많은 시간이 흐르고서도 바뀌지 않아 고생했다. 이번 봉암사 생활은 나에게 많은 변화를 주었다.

　첫째는, 일찍 자고 일찍 일어나는 것이 생활화 되었다. 이곳의 취침 시간이 밤 아홉시이고 기상이 새벽 세시다. 자정이 넘어서 자던 습관이 하루아침에 고쳐진다는 것이 너무 놀랍다. 내 자신도 믿지 못할 일이었다. 오기 전에는 운전하면서도 졸리고 밥 먹고 나면 졸리고 책보면 졸렸는데 신기한 일이다.

낮잠이 전혀 없고 정진시간에도 졸거나 자는 일이 없기 때문이다.

둘째는, 여기 오기 전에는 항상 간식을 해야 했다. 밤에 배가 고프면 잠이 오지 않았기 때문에 가벼운 간식이라도 해야 했고 그것 때문에 체중이 팔십 킬로그램에 육박할 정도였다. 그래서 항상 체중을 줄여야 한다고 생각했는데 결과는 그 반대였다.

봉암사에서 밥을 적게 먹고 간식을 일체 하지 않기로 작정했다.

그런데 과연 그게 지켜질 것인지는 의문이었다. 봉암사는 산중이고 대중 생활이 철저하기 때문에 채식 외에는 없다. 반 결제일이 가까워진 지금이지만 소식을 해도 간식을 하지 않아도 생활에 전혀 지장이 없고 오히려 소식을 하고 간식을 하지 않는 것이 대중 생활에 큰 도움이 된다. 빵과 떡이 대중공양으로 많이 들어오지만 거의 먹지 않는다. 그래서인지 몸이 가벼워 숨도 차지 않고 체중이 많이 줄었다.

음식에 대한 욕심으로 배를 부르게 하는 것보다 욕심을 버려 배가 고픈 것이 몸과 마음을 편하게 한다.

욕심을 버리고 일에 대한 걱정이 없으니 잠도 편하고 적게 자며 음식을 적게 먹어도 편하니 백두대간의 단전에 위치한다는 봉암사의 좋은 기운 덕택인 것 같다.

안거 중에 처음 듣는 앞산의 부엉이 소리가 편하고 봄을 재촉하는 듯하다.

희양산 소나무.

나의 의식은 어디에 팔려 있는가

2015년 1월 16일

어제 저녁에 마신 보이차의 영향으로 조금 늦게 자고 한 시간 일찍 깼다. 잠을 잘 자는 것도 축복인 것 같다. 세상에 번민이 많아지고 욕심이 많아지면 잠을 설치는가 보다. 확실히 그렇지 않다면 세상은 이렇게 발전하지 못했을 것이다.

새벽에 별들이 흐리게 보이더니 아침에는 봉우리마다 안개가 끼여 보이지 않는다. 자연히 봉암사는 큰 돔(Dome)에 둘러싸인 모양이다. 아침 정진에 들어 있으니 싸락눈이 내린다. 하루 종일 그렇게 내리니 바람이 불고 날씨가 차다.

정진을 하니 다리가 아프고 몸이 뒤틀린다. 자꾸 움직인다. 부동의 가부좌로 한나절을 버텨야 하는데 그렇지 못하다. 몸과 싸움하다 시간이 다 간다. 젊을 때는 망상과의 싸움이였는데 나이가 드니 몸과의 싸움이 되어 버렸다.

중생의 몸이란 경계에 팔려 사는 것이다. 경계가 없다면 무엇이겠는가? 눈은 보기 좋은 것에 팔리고, 귀는 듣기 좋은 것에 팔리고, 촉감은 부드럽고 매끈한 것에 팔리고 코는 좋은 냄새에 팔리고 의식은 온갖 경계에 팔린다.

나의 의식은 어디에 팔려 있는가? 부처님에게 팔려 있다. 물론 지금은 화두 타파에 팔려 있다. 본래면목이 무엇인가? 할 말이 없다. 앞에 두고 본래면목을 찾다니! 탐, 진, 치의 중죄를 짓는구나.

시간은 가고

2015년 1월 17일

　새벽 부처님 참배를 가기 위해 밖에 나가니 눈이 조금 쌓였다. 별은 반짝이고 바람이 분다.

　새벽 정진은 구십 분이다. 시간이 속절없이 흘러간다.

　아침이 되어 눈 쓸기를 하다가 희양산을 바라보니 밝고 찬란한 아침 햇살이 주봉을 비추고 있다. 저 햇살은 구름이 없는 날은 매일 같이 비출 것이다.

　사람의 수명이 짧지 않을 것인데 정해진 시간이다 보니 길지 않을 것이다. 하루가 금방 가고 일 년이 금방 가듯이 일생 또한 금방 지나갈 것이다.

　조사 스님들께서 말씀하시기를 도를 닦는데 잠자는 마구니가 가장 큰 장애라고 하셨다. 여기 스님들 중에도 열 네

희양산 계곡 목책.

시간씩 정진하는 분들도 많다.

시간을 돌이킬 수 있는 길은 생사를 초월하는 길 밖에는 없다. 즉 윤회를 벗어나는 길이다. 티베트에서는 스님들이 지독한 수행을 통해서 육신의 옷을 벗어버리고 다시 환생하는 일들이 있어서 지속적으로 스승으로 신봉되어지고 있다.

낡은 육신을 벗고 다시 태어날 곳을 예언하고 삶을 마치니 보통 일이 아니다. 사람들의 상식을 초월하는 일이다.

봉화에서 불자 두 분이 다녀갔다. 남산 정상에 올랐는데 카톡에 문자가 와서 보니 방문한다고 하여 급히 내려왔다. 법명이 무상행(無上行)이다. 두 사람은 친구지간인데 스님들 보기에 자매나 모녀처럼 보인다고 한다. 그래서 스님들이 모녀지간이냐고 묻는다. 빈손으로 오면 되는데 찰떡파이를 사 와서 스님들이 맛있게 먹었다.

해는 저물고 바람이 차다. 시간은 가는데 생사 문제를 해결하지 못하니 사형수가 형장으로 끌려가는 기분이다.

"지금 이 순간(현생)을 의미 없이 보내고 나면, 빈손으로 떠나야 하리니, 띵리 사람들이여, 미래 생에 인간의 몸을 다시 받기란 매우 어려울 것이다."

– 『세상의 끝에서 만난 스님의 말씀』 중에서

반 결제일 산행

2015년 1월 18일

　새벽 세시 어김없는 도량석 목탁소리에 일어난다. 춥지 않은 날이다.

　새벽 정진에 다들 열심이다. 벌써 결제한 지 반 철이다. 포행 하는 길은 끝이 있는데 정진의 길에는 끝이 보일 기약이 없다.

　오늘은 결제를 시작한 지 반 철이 되었다. 그래서 이곳 봉암사의 풍습은 모든 대중들이 산행을 하고 용추토굴에서 라면을 끓여 먹는 일이다.

　등산 준비를 급하게 마치고 서당에 도착하니 기념촬영이 끝나고 흩어지려는 순간에 도착해서 다시 한 번 더 촬영했다.

　산행은 자유다. 어디를 올라가든지 저녁 예불 전까지 귀

봉암사 일주문 옆 샘.

사하면 된다. 그래서 대중들은 가고 싶은 산을 오르면 되는
데 희양산 주봉과 날개봉을 가는 그룹, 관음봉을 거쳐 용추
토굴을 오는 그룹 등 다양하다.

나는 계곡을 따라서 구입한 카메라로 사진 찍으며 가는데
배터리 수명이 다 되었다.

용추토굴에 도착하니 이십 여 명이 모여 있었다. 한참 뒤
에 주지스님과 입승스님이 도착했다. 기다리던 라면을 먹지
않고 떠나는 스님들이 있다. 대중들의 성화에 물을 끓이고
1차로 우리들이 먹었는데 라면 면발은 꼬들꼬들하고 라면
물은 야채 스프라서 시원한 맛이 있다.

땀이 식으며 추워오자 모닥불을 지폈다. 불을 쬐면서 커피도 한잔하고 이야기도 나누었다.

나는 거기서 은티재를 지나 산행을 더 할 계획이였는데 일행이 없어서 난감했다. 그래서 스님들을 향해서 은티재를 갈 사람을 찾았으나 대답하는 사람이 아무도 없다. 그때 서당 청중스님이 같이 가겠다고 한다. 그러겠다고 하니 남훈루 청중도 가겠다고 해서 즐거운 마음으로 은티재로 향했다.

은티재는 용추토굴 입구에 있는 용추폭포 앞을 지나서 우측으로 가야 한다. 은티재까지는 삼십 분이면 오른다. 저번에 온 눈이 깔려 있어서 분위기가 더 좋다. 청중스님의 자분자분한 여러 가지 안내로 가는 길이 더 편하다. 재 마루에 오르니 목책이 쳐져 있다. 일반 등산객들이 절 쪽으로 못 오게 쳐진 목책이다.

잠시 쉬고 골짜기를 올랐던 만큼 내려갔다. 은티마을에 도착하니 작은 마을인데 새롭게 지은 전원주택 몇 채가 보인다. 왼쪽으로 악휘봉의 위용이 대단하다.

마을에서 잠시 김밥을 먹고 다시 지름티 재를 올랐다. 눈이 쌓였고 경사가 좀 있는 골짜기를 약 삼십 분 정도 오르니 재 마루에 도착했다. 재를 넘으면 목책이 쳐져 있고 봉암사 감시 초소가 있다. 나무와 돌 암자 터를 구경하면서 월봉토굴에 도착해서 석간수를 마셨다. 오솔길을 따라 내려오니 환적대와 백련암이 나온다.

　이상한 일이 생겼다. 무릎 관절과 발쪽 관절이 아프고 힘이 들텐데 토굴을 지나면서부터 하체에 통증이 없어지고 시원해졌다. 참 신기한 일이다. 저녁 먹고 계곡을 따라 도는데도 하체가 가볍고 오히려 상쾌하다. 결제 반 철만에 생긴 신기한 일이다.

어간회의

2015년 1월 19일

동안거를 시작한 지 반 철이 되었다. 오늘은 삭목일이기도 하다. 밤새 내린 눈을 새벽에 치웠다. 새벽정진 대신 울력을 하였다. 아침 공양 시간에 입승스님이 삭발은 서당 지대방에서 하라는 특별 주문이 있었다. 지대방은 쉬는 공간이다.

서당 지대방에서는 처음 삭발을 한다. 여러 스님들이 대기하고 있었다. 세숫대야에 따뜻한 물을 담아 놓았고, 비누와 수건이 준비되어 있었다. 스님들이 오는 순서대로 삭발할 준비가 되어 있었다.

삭발을 마치면 물로 헹궈준다. 삭발을 마치고 나면 목욕탕에서 씻는데 욕두 스님들이 탕에 물을 받아 놓는다. 온탕과 냉탕이 있는데 목욕탕 수준이 된다. 계곡물을 사용해서 일반 목욕탕과는 수질이 다르다.

냉탕은 계곡물 그대로여서 엄청 차다. 나는 어제 산행한 피로를 풀기 위해서 온탕 냉탕을 들락거렸다. 냉탕에 몸을 담그니 완전 얼음물이다. 그런데 너무 시원하고 좋다.

아홉시에는 어간회의가 있었다. 승랍 이십 년 이상 된 스님들이 모여서 의논하는 자리라고 한다. 주된 의제는 이미 작년 여름 안거에서 논의한 것이다. 봉암사에 맞는 청규를 만들어서 더욱 더 공부하는 분위기를 만들자는 내용이었다. 각 암자 스님도 참석하였다. 삭목일에는 자유정진이다. 각자가 알아서 시간을 사용한다. 저녁 예불을 마치고 선열당에서 전 대중이 참석한 가운데 수좌 스님의 법문이 있었다. 법문의 내용은 티베트 스님들의 수행 이야기와 신통력을 인정하지 않는 조사선이지만 선사 스님들의 신통력에 대한 약간의 소개가 있었다.

나는 전에 사혈치료법을 터득했다. 스스로를 치료하면서 사혈에 대한 효과를 알게 되었다. 그래서 여러 병증을 사혈로 치료하였다. 옆에 앉아 정진하는 스님이 어혈이 많아서 사혈 치료를 계속하고 있다. 때로는 왼쪽 다리에 마비증상이 있다고 한다. 외관상으로는 많이 좋아진 것 같다. 의사들도 치료는 수술을 하거나 약 복용이나 주사약 투여로 하기에 음식과 양약치료로 생긴 어혈을 제거하지 못한다. 어혈을 방치하면 여러가지 문제를 야기하기 때문에 꾸준히 사혈치료하면 건강이 좋아진다. 일을 마치고 일기를 쓰다 보니 모두가 잠들고 조용한 밤이다. 꿈나라에서 만나야 할 시간이다.

환적대.

옛 사람의 방편을 흉내 내지 마라

2015년 1월 20일

"수행자들이여! 여러 곳에서 온 수행자들 중에 아무것에
도 의지하지 않고 찾아오는 사람들 하나도 없었다. 산승은
그러면 처음부터 쳐버린다. 손에서 나오면 손을 치고, 입에
서 나오면 입을 치고, 눈에서 나오면 눈을 쳐버린다. 홀로
벗어나서 쓸데없는 것을 다 버리고 있는 그대로 온 사람은
한 사람도 없었다." - 종광스님 『임제록』 208

누구나 세상을 만만하게 본다. 아이들이 불장난을 하다가
대가를 치르듯이 세상을 거꾸로 살 수는 없는 것이다.
봄이 되면 만물이 싹을 틔우고 성장한다. 밝은 기운은 생
명력을 갖게 한다. 생명력을 가진 것들은 가꿀 때 쓸모가 있

게 된다. 버려진 것들은 쓸모가 없다.

임제스님의 방법이 옳은 지 옛사람들의 방편이나 도구가 옳은 지 스스로 알 일이다.

오늘은 음력 십이월 초하루다. 이제 한 달 있으면 설이다. 설 쇠고 보름 뒤에는 정월대보름이다.

결제한 지 반 철이 지났다. 또 다시 반 철 안에 공부를 마쳐야 한다. 나는 어릴 때 생각하기를 '사람들은 죽을 텐데 뭣 하러 열심히 힘들게 사는가' 하고 생각했다. 그래서 매사에 심드렁했고 적극적이지 않았다. 이제 나이가 드니 걱정이다. 내세에 사람 몸 받고 부처님법 만나기 쉽지 않을 터인데 지금 깨치지 못하면 육도를 마냥 윤회하게 될 것이다.

부처님가르침 만나서 선업을 많이 쌓아서 아미타부처님이 계시는 극락정토에 갈 것이라 생각하지만 악업도 만만찮은 것이다. 그 업을 들여다 보고 벗어나기 위해서는 해탈해야 하는 것이다.

정작 업을 지을 때는 그 업의 가치를 모르겠지만 과보를 받을 때는 한없이 두려울 것이다.

봄같이 따뜻한 날이다. 저녁 정진에 어깨가 결린다. 깨치지 못한 수행자에게 잠이란 호사스러운 것이다.

노스님이 홀로 거쳐하는 토굴.

닦을 것도 깨달을 것도 없다

2015년 1월 21일

"수행자들이여! 산승은 다른 사람에게 줄 법이 하나도 없다. 다만 병을 치료해주고 결박돼 있는 것을 풀어줄 뿐이다. 제방에서 정진하는 수행자들이여! 시험삼아 어떤 것에도 의지하지 말고 나와 보라." - 종광스님 『임제록』 210

아침부터 날씨가 흐리다. 해가 구름에 가려 빛을 잃고 있다. 먹는 것도 잊어야 공부가 될 텐데 그렇지가 못하니 아직 멀긴 멀었나보다. 점심은 들깨 칼국수를 먹었다. 냉이를 많이 넣고 끓여서 봄 냄새가 풍겼다. 칼국수보다 덤으로 나온 먹거리가 더 화려하다. 여러가지 채소를 피에 말아서 만들었는데 화려하고 정성이 많이 들어 보인다. 먹기는 좋지만

봉암사 계곡 돌탑.

부처님 대접받는 것에 공짜가 어디 있겠는가?

서산스님이 『선가귀감』에서 말하기를
"금생에 마음을 밝히지 못하면
한 방울의 물도 소화하기 어렵다"고 했다.

임제스님의 경지는 높기로 따진다면 헤아릴 수 없는 경지
이고, 헤아려 생각한다면 삼척동자도 눈치 채는 정도이다.
세상도 불타고 나도 불타고 임제도 불타고 있으니 구름이
있은 뒤에 눈도 내리고 비도 온다.

성난 황소처럼

2015년 1월 22일

　새벽에 법당 참배를 가는데 하얀 눈이 쌓였다. 기온이 높아 눈이 녹아서 땅이 질퍽하다. 진눈깨비가 부슬부슬 내리는 새벽이다.

　날이 밝아 희양산을 바라보니 봉우리가 구름에 가렸다 걷혔다 한다. 주봉 뿐만 그런 게 아니고 주변의 봉우리들이 하루 종일 그렇고 눈이 내려 온통 하얗다.

　남훈루 마당에는 두 개의 돌이 박혀 있다. 눈 내린 마당을 거닐다 보니 한 개의 돌에 이끼가 많이 끼여 있다. 간밤에 내린 진눈깨비로 이끼가 더욱 싱싱하다. 여태껏 이끼를 단순하게만 봤는데 돌에 여러 종류의 이끼가 있는 것이 이채롭다. 이끼들의 모양과 색깔이 다양하다. 더욱이 싱싱한 모

남훈루 마당의 돌에 자라는 이끼.

습이어서 흥미롭다.

성난 황소는 분(憤)을 못 이겨 뿔을 치켜 세우고 달리기 시작한다. 힘에 부쳐서는 멈춰 서서 씩씩거린다.

지혜롭게 산다는 것이 어려운가? 사람답게 산다는 것이 어려운가? 눈, 귀, 코, 혀, 몸의 노예가 되어 앞으로만 달리다가 뒤돌아보면 너무 허무하지 않은가? 지쳐서 더 이상 어떻게 해 볼 수가 없는 막다른 곳에 와 있다면 인생이 너무 불쌍하지 않은가? 똥을 비우듯이 비워 삶의 무게를 줄인다면 삶이 좀 더 향기롭지 않겠는가?

세상은 처음부터 인연이 그렇게 된 것이 아니지 않은가? 세상은 어렵고 힘들다. 그러나 분노에 눈이 가려 주저앉지 말자. 눈을 돌려 시선을 주면 사랑스러운 것이 수도 없이 많다. 오늘은 하염없이 진눈깨비가 내리지만 내일은 태양이 세상을 환하게 비출 것이다.

삼계를 벗어나 어디로 가려는가

2015년 1월 23일

　오전에 차를 마시고 점심 먹고 원두커피를 마신 탓인지 간밤에 잠을 세 시간도 자지 못했다. 이틀째 잠을 설치고 나니 기분이 많이 다운된다.

　임제스님은 수좌들에게 "삼계를 벗어나 어디로 가려는가?" 하고 묻는다. 삼계를 벗어나는 것은 고사하고 삼계를 알지도 못한다.

　임제스님은 "삼계는 지금 그대들이 법문을 듣고 있는 그 마음을 떠나 존재하지 않으며 바로 여기 그대들의 한순간 탐내는 마음이 욕계이고, 한순간 성내는 마음이 색계이며, 어리석은 마음이 무색계"라고 했다.

　어두운 밤길을 가는 사람에게 등불이 되어 준다면 고마운

희양산 햇살.

일이 되고 아파 죽을 것 같은 사람에게 수술하고 약을 준다
면 큰 은혜가 될 것이다.

임제스님이 삼계를 찾지 말라고 하니 도움을 준 것인지
공부에 훼방을 하는 것인지 애매한 일이다.

산봉우리에는 삼일 째 눈이 내리는데 절 마당에는 왔던
눈마저 녹아내리니 이렇게 다르단 말인가!

무명은 머무는 곳이 없다

"그대가 한 생각 쉬게 됐을 때 이를 보리수라 하고, 한 생각 쉬지 못할 때 무명수라 한다"

– 종광스님 『임제록』 217

새벽 정진과 오전 정진을 마쳤다. 다리가 아프고 허리가 아픈 것은 여전하다. 아픈 다리를 바꾸고 허리를 바꾸고 해서 시간을 보내고 있다. 화두에 집중을 한다고 하지만 신명이 나지 않는다. 일을 하든 무엇을 하든 성과가 있어야 신이 나는데 그렇지 않다. 그러다보니 생각은 다른 데 가 있다.

마침 나그네가 어둠 속을 헤매고 다니는 상황과 흡사하다. 서광이 있어야 진전이 있을 텐데 그렇지 못하다. 망념이

꼬리를 물고 일어나니 임제스님은 "상념을 쉬지 못하면 곧바로 무명수 위에 올라가서 육도사생에 들어가 몸에는 털이 나고 머리에는 뿔이 돋은 축생이 될 것이다"고 하셨다.

결제 초에 희양산 정상을 몇 명이 다녀왔었다. 문만 열면 희양산 주봉이 보인다. 아침과 저녁엔 주봉에 해가 붉게 물든다. 언젠가는 혼자서 희양산 A코스를 타야겠다고 생각했다. 혼자라야 희양산이 가진 경치, 즉 소나무나 바위를 자세히 구경할 수 있기 때문이다. 뿐만 아니라 좌선으로 무디어진 몸을 자극하고 재충전하는 좋은 계기가 될 것이다.

혼자서 카메라와 간단한 간식을 챙겨 출발했다. 주변의 스님들은 위험하고 사고가 나면 해제해야 한다며 만류를 하신다.

선원 뒷길을 따라서 천천히 오르니 간병스님이 앞서 가고 있다. 간병스님은 강원과 승가대학을 졸업하고 선원에 다니는데 십육년이 되었다고 한다. 은사스님께서 내년에는 도심포교를 해보라고 해서 숙제가 태산 같은가 보다.

첫 번째 밧줄 타고 오르는 벼랑에 도착해서 간병스님과 작별하고 섰는데 가슴이 설렌다. 저번에는 무턱대고 오르다가 중간에 대롱대롱 매달려 고생했다. 자세히 바위를 보니 조금 힘을 쓰면 쉽게 오를 여지가 많았다. 물을 한 모금 마시고 줄을 잡고 오르니 저번보다 훨씬 쉬웠다. 약 십미터 되는 절벽 위에서 내려다보니 아득하다. 위쪽으로 열두 개의 밧줄을 더 타야 정상이다.

눈이 쌓여서 장갑이 젖었다. 바위에도 녹은 물이 흐른다. 다른 곳은 15도 정도의 경사가 있어서 오르기 쉽다.

아홉번째 절벽에서는 얼음이 얼어 있었다. 아이젠을 신으면 쉽게 오르는데 신기 싫어서 옆 바위를 타고 간신히 올랐는데 또 다른 바위를 올라 갈 수가 없었다. 내려가자니 쉽지 않고 다른 곳은 눈이 깊이 쌓여 있고 경사다. 오른쪽으로 올라갈 길이 보이긴 한데 바위에 쌓인 눈이 미끄러지면 사고가 생길 수 있기 때문에 참 난감했다. 과거에 등산 갔다가 길을 잘못 들어 헬기가 뜨고 서울에서 구조대가 출동하고서야 구조되었다는 스님의 얘기가 머리에 가득하다.

급경사 바위에 눈이 쌓인 곳을 올랐다. 분명히 바위 경사면에 붙은 눈이 흘러내려야 하는데 미끄러지지가 않는다. 그래서 바위 오른쪽으로 살금살금 이동해서 경사지에 듬성듬성 있는 작은 나무를 잡고 오르는데 성공했다. 밧줄을 타면 간단한데 괜히 사서 고생했다. 거기를 오르니 평소 절에

희양산 은티재.

서 보던 주봉의 코끼리 코 같이 생기고 아침저녁으로 태양
이 붉게 물든 경치가 바로 옆에서 보인다. 여한 없이 경치를
마음에 담고 카메라에 담아 정상에 오르니 네 시가 되었다.

저녁 먹기 전까지 내려오려니 마음이 바빠졌다. 정상에는
며칠 전에 내린 눈이 많이 쌓였고 은티마을 쪽에서 올라온
등산객들로 인해서 길이 트여 있었다. 봉암사로 내려오려면
B코스로 내려와야 하는데 밧줄을 열개 정도는 타고 내려와
야 걸어 내려올 수 있다.

봉암사에 도착하니 다섯 시 반이었다. 스님들은 걱정이 돼서 곧 구조대를 편성해서 떠날 생각이었다고 하니 심려가 크셨나 보다.

저녁 시간이 지났기에 남은 밥이라도 먹으려고 가니 보살님들께서 라면을 정성스럽게 끓여 주신다. 몸은 고되지만 즐거운 하루였다. 밧줄을 타는 즐거움도, 산을 맘껏 구경하는 즐거움도 있었으니 말이다.

보리는 머무는 곳이 없다

2015년 1월 25일

"수행자들이여! 그대들이 만약 쉬기만 하면 그대로가 청
정한 법신의 세계다. 그대들이 한 순간도 망념을 일으키지
않으면 곧 보리수에 올라가 삼계에서 신통변화를 일으키고
마음대로 몸을 바꾸고 법의 기쁨과 선의 즐거움으로 몸에서
빛이나 저절로 비추게 될 것이다." - 종광스님 『임제록』 219

어제의 등산 후유증인지 잠을 한 시에 깼다. 정진을 하는
데 무릎도 아프고 허리도 아프고 두통도 있다. 두통은 어느
스님의 무차를 마시고 나니 없어졌다. 날씨가 며칠 계속 흐
리다가 저녁이 되니 비가 내린다. 해인사 백련암 아비라 기
도회에서 많은 신도들이 대중공양에 참석했다. 점심은 짜장

면이였는데 돼지고기가 없는 짜장이다. 면 한 개를 먹었는데도 배가 부르다. 오후에 전 대중이 자갈을 깔고 저녁에는 자유 정진을 했다.

저녁이 되니 비가 내린다. 비가 오고 눈이 내리는 날이면 좋다. 비가 오고 나면 세상이 깨끗해지고 공기가 맑아진다. 눈은 세상을 일시적으로 눈 속으로 사라지게 하고 순백의 세상을 만들어버리니 좋다.

소나무에 자라는 버섯.

기쁨도 근심도 없어야 한다

2015년 1월 26일

"마음은 만 가지 경계를 따라 흘러가지만 흘러가는 그곳이 참으로 그윽하여라. 마음이 흘러가는 그곳을 따라 본성을 깨달으면 기쁨도 없고 근심도 없을 것이다,"

– 종광스님『임제록』221

새벽부터 부슬부슬 비가 내린다. 마당의 땅 속은 얼고 겉은 녹아 질퍽질퍽하다. 비가 내리고 안개가 끼니 날씨는 제법 따뜻하다.

절기가 대한(大寒) 즈음인데 겨울을 잊은 겨울인 지 비탈면에는 파릇파릇한 식물들이 자라고 있다.

얼어붙었던 개울이 녹아 물 흐르는 소리가 제법 크다. 추

워야 하는 겨울인데 춥지 않으니 이상한 생각이 드는 지 사
람들은 겨울을 의심한다. 천변만화하는 자연인지라 겨울이
가야 봄이 오는 것을 의심하지 말 일이다.

눈을 먹고 자라는 희양산 이끼.

송장을 짊어지고 다니는구나

2015년 1월 27일

"형상이나 모습도 없지만 뚜렷하게 홀로 밝은 것이 있다. 그러나 학인들은 믿지 못하고 말이나 문구로 이해하려 한다. 나이 오십이 되도록 오로지 옆길로 빠져서 죽은 송장을 짊어지고 다니고 있구나. 무거운 짐을 짊어지고 천하를 돌아다니고 있으니 신발 값을 물어내야 할 때가 있을 것이다."

– 종광스님 『임제록』 231

봉암사에 103명의 스님들이 정진하고 있다. 골짜기에는 바람 소리와 달빛 별빛만이 고요히 내리고 있다.

곡식이야 봄에 씨를 뿌리면 가을에 수확을 하지만 염불을 죽어라 해도 신통력과 삼매현전의 경지가 나타나지 않는다.

참선도 다리가 아프고 허리가 아프고 이빨이 뭉개져도 당장 의단독로(疑團獨露)가 되지 않는다.

처음에는 꿈도 자주 꾸곤 했는데 이제는 꿈도 나타나지 않는다. 좌선도 편해졌다. 단지 화두의 꼬리라도 잡혔으면 하는데 전혀 그럴 기미가 보이지 않는다. 옆길로 빠져 가는 지 바른 길로 가는 지도 모르겠다. 단지 가고 있다. 송장만 가는 건 지, 또렷한 그놈하고 가는 지 모르겠다. 가는 자체가 답인 지도 모른다.

수선 대중들 중에 오도송을 써서 문에라도 붙여 놓아서 대중들이 점검을 해서 맞다든가 아니라든가, 판단을 한다면 경쟁심을 자극해서 치열한 법거량과 정진이 있을 것이다.

날씨가 좋아 차를 마시는 몇몇 대중들과 함께 구왕봉(날 개봉)을 올랐다.

월봉 쪽의 지름티재 고개 좌측으로 오르면 구왕봉이다. 해발 897미터이다. 등산이란 것이 그런 것인지 절에서부터 쉬지 않고 정상을 향했다.

정상 가는 길은 몇 개의 밧줄을 타고 올라야 한다. 가는 길에 있는 바위와 소나무가 멋있다. 정상에 오르면 넓은 바위가 있는데 희양산이 잘 보인다. 너무 숨 가쁘게 올라서 자

세히 구경하지도 못했다. 내려 올 때는 은티재로 내려오는
데 얼마나 빠른 지 바람개비 돌아가듯이 내려왔다. 저녁 먹
고 나니 만사가 귀찮아졌다. 경계를 따라 흘러가서는 기쁨
도 근심도 없어야 한다고 했는데 아직도 많이 어둡다.

희양산 구왕봉 표지석.

깊고 깊은 캄캄한 구덩이

"수행자들이여! 산승이 바깥에는 법이 없다고 이야기하면 학인들은 알아듣지 못하고 곧 안에 법이 있나 하고 이해하려 든다. 그리고는 이내 벽을 향해 앉아 혀를 입천장에 붙이고 가만히 움직이지 않는다. 그리고 이것이 조사문중의 불법이라 집착한다. 옛사람이 말하기를 '깊고 깊은 캄캄한 구덩이는 참으로 무섭고 두렵다' 하였는데 이를 두고 한 말이다."

― 종광스님 『임제록』 233

새벽 바람이 차다. 모처럼 속옷을 껴입었다. 이처럼 차가운 새벽에 도시 상인들은 삶을 위해서 바삐 움직일 것이다.

참선이라는 것이 행주좌와(行住坐臥) 어묵동정(語默動靜)

의 이륙시중(二六時中)에 이루어지는 것인데 따숩고 외풍이 없는 방에서 이루어지는 것이 부처님가르침에 맞는 것인지 한참 생각한다.

시대가 변한 만큼 심심산중에서 풀뿌리와 솔잎을 먹고 살면서 수행하는 시대는 아니다. 그러나 부처님 제자는 무언가 달라야 하는 것이다. 달라야 한다고 생각하면서도 타성에 젖어 있다.

신라에 불교를 처음 전하신 아도스님은 머슴을 살면서 불교를 전하셨다. 당시 고구려에서 불교를 전하러 오신 아도스님께서는 신라의 변방인 일선군 도개의 모래장자 집에서 머슴살이를 하면서 불교를 펴는 방편을 삼았다.

이차돈 성사 또한 불교가 공허한 것이 아니라는 것을 죽음으로 증명한 일이 있다. 신하들이 불교가 공허한 것을 증명하기 위해서 이차돈 성사의 목을 베었는데 목에서 '흰피'가 하늘로 뿜으며 천지가 진동하는 이적이 발생한 것이다. 놀란 법흥왕은 즉시 불교를 공인하였다.

최근에는 문수스님이 이명박 정부의 4대강 난개발과 불교탄압에 항거하면서 몸에 불을 붙여 소신공양(燒身供養)을 하였다. 이로 인하여 요지부동의 국민들 마음을 움직였다.

그 결과 선거일 밤 사이 국민들의 마음을 움직이게 하였고 여소야대의 이변의 결과를 만든 듯하다.

조사님의 말씀에 "깊고 깊은 캄캄한 구덩이는 참으로 무섭고 두렵다"는 말씀을 두렵게 받아 들여야 할 것 같다.

희양산 바위굴.

수좌 5계

생애 처음으로 선원에 간다고 했을 때 직지사 선원장 스님이 건네 준 『화두 드는 법』이란 자료집에 대표적인 선승이셨던 퇴옹 성철스님께서 수좌들의 정진 잘하는 방침을 정하신 것이 있다. 수좌5계란 것인데 많은 스님들이 이 원칙을 지키기 위해서 애쓰는 것 같다. 선원에 있다 보니 스님의 수좌 5계가 절실히 필요한 것 같다

첫째, 3시간 이상 자지 말라.

과도한 수면은 수행에 방해가 되기 때문에 많이 자면 나태해지는 등의 원인이 되기 때문이다.

둘째, 벙어리처럼 지내며 잡담하지 말라. 말을 쓸데없이 하거나 많이 하면 정신이 흐트러지는 등의 원인이 되기 때

문이다.

셋째, 일체 문자를 보지 말라. 글자를 모르는 사람처럼 지낼지언정 문자는 견성에 도움이 되지 않는다는 뜻이다.

넷째, 포식, 간식하지 말라. 음식은 적게 먹을수록 마음은 더욱 밝아지고 많이 먹을수록 마음은 더욱 손상된다는 것이다.

다섯째, 돌아다니지 말라. 돌아다니면 온갖 장애가 생겨 공부가 더딜 것이다.

봉암사에 오니 수좌스님께서 삼년 만 같이 공부하자고 하신다. 구미 시장이 방문하셨을 때도 "대혜스님이 댕기는 것을 보면 봉암사에 가라"고 말씀해 달라고 하신 적이 있다.

대중들의 공부를 위해서 수좌스님께서 보완한 수칙이 있는데 거기에는 일체의 휴대폰을 사용 말라는 내용이 있다. 봉암사 경내에는 전파가 없어 사용이 불가하다.

고등학교 3학년 때 출가해서 줄곧 포교 일선에 있었다. 선(禪)에 대해서 아는 것은 없다. 아는 것이라곤 신도들이나 학생들에게 앉는 법을 지도하고 앉아서 잠시 명상하는 정도였다.

강원에서 사집을 배우고 관응 큰스님께 『선문염송』을 배

운 것이 전부다. 그것
도 지금은 내용이 무
엇이었는지도 모른다.
금담선사님의 『월인천
강』은 배울 점이 많다.
최인호씨의 『길없는
길』이란 소설책을 재미
있게 읽었다.

　『화두 드는 법』을 열
심히 읽었지만 견성의
꼬리도 잡을 수 없다. 하지만 음식과 잠을 줄이는데는 크게
성공했다. 그리고 체중을 줄이는 것도 성공했다. 처음에는
산에 오를 때 숨이 많이 찼다. 그 뿐만 아니라 발목과 무릎
관절도 아파서 하루 포행하고 이틀 쉬어야 할 정도로 비만
이였다. 이제 용맹정진해 견성의 꼬리잡기만 남았다.

　어제까지만 해도 봄 날씨 같았는데 오늘은 좀 공기가 차
갑다. 마음마저 공허해지니 모든 것이 차갑게 느껴진다.

대중공양

며칠 간 눈 소식이 없더니 새벽에 일어나 보니 하얀 눈이 소복이 쌓여 있다. 어제 오후부터 눈이 조금씩 오더니 밤새 내렸다.

음력 십 이월 십일이니 결제 한 지도 두 달이 다 되어간다. 날짜만 간 것이 아니고 수행정진에도 진척이 조금씩 있다. 이제 한 달 조금 지나면 해제다.

전국에서 인연 있는 스님들에 의해서 공양이 들어오고 있다.

공양물로는 빵이나 두유, 유제품, 사과, 귤, 한라봉, 떡, 견과류, 치즈류, 두리안, 감, 딸기, 차, 커피원두, 짜장면, 우동, 만두, 야채, 양말, 메리야스 등 다양하다.

공양비는 필요한 물품을 구입하거나 해제하고 떠나는 스

님들에게 차비로 지급하기도 한다. 또 일부는 운영비로도 사용한다. 좋은 인연을 지었거나 막중한 소임을 맡은 스님들에게 많은 신도님들과 스님들이 방문하신다.

직접 음식을 준비해 오시는 분들도 계시고 이곳에 오셔서 만들어 주시는 분들도 계신다. 대충 한 끼 하면 되는 일인데도 정성이 대단하다. 부처님께 대접하듯이 하시니 은혜가 무겁다. 수행자들은 시줏물을 무겁게 생각한다. 그래서 콩나물 대가리 하나라도 버리지 않기 위해서 애쓴다.

반결재 산행.

대중공양의 유래는 목련존자가 신통력으로 어머니가 계신 곳을 찾아보니 극락에 계실 것으로 생각했는데 반대로 어머니 청제부인이 지옥에서 거꾸로 매달려 먹지도 못하는 고통을 받고 있었다. 이에 존자는 부처님께 사실을 말하였고 부처님께서는 어머니를 구해낼 방법을 알려 주셨다.

방법은 하안거 해젯날 여러 스님들께 공양을 올리면 가능하다고 하셨다. 전국에서 이곳 봉암사에 정진하는 스님들을 위해서 시간과 돈을 아끼지 않으시고 찾아주신 스님과 불자님들의 정성은 대단한 것이다.

점심공양을 마치고 포행을 않고 쉬기로 했는데 같이 가자는 스님들에 못 이겨 함께 떠났다. 등산화를 화장실 앞까지 갖다놔 주시니 안갈 수가 없었다.

햇볕은 좋은데 바람이 차다. 포행로는 옻밭을 지나 관음봉과 애기암봉 사이의 재를 넘어서 마을을 통과해서 출입통제소를 통해서 들어오는 길이다.

그동안 스님들이 너무 빨리 걷는 바람에 낙오도 하고 처지기도 하였다. 그래서 오늘은 재를 넘자마자 달리기 시작해서 개울까지 앞장서서 달렸더니 몸이 개운하다. 다른 스님들도 잘 따라 오신다.

걸어오면서 비난이 쏟아진다. "못 걷는다고 힘들다고 엄살 부리더니 진짜 실력을 발휘하니 너무 빠르다"고 하신다. 막판에 다른 스님들이 속도를 내서 빠르게 걸으니 평소보다 빨리 도착했다.

저녁예불을 마치고 정진하러 가면서 하늘을 보니 달이 환하고 별은 초롱초롱하다.

봉암사 희양산 하늘 길에는 여객기들이 바쁘게 날아다니고 있다. 좌선 후에는 이 평범한 도리를 깨칠 수 있을까?

메주 울력

2015년 1월 31일

새벽예불을 마치고 계단을 내려오면서 하늘을 보니 별이 초롱초롱하다. 새벽정진을 하는데 무릎이 시리고 등이 추웠다.

오전 정진 대신에 메주를 떼서 창고에 운반하는 울력을 했다. 비닐하우스에 있던 것을 따뜻한 창고에 갖다놔야 메주가 숙성이 된다.

일이 적다보니 울력이 빨리 끝났다. 자연히 차 마시는 시간이 빨리 시작되었다. 여러 가지 지대방 한담이 오갔다. 그중에 봉암사 대웅보전에 모셔진 관세음보살에 대한 이야기가 주목을 끌었다. 얘기인즉 어떤 스님이 극락전을 참배하고 대웅보전에서 기도를 하는데 극락전은 영험이 없고 대웅보전의 관세음보살님이 영험이 있다고 한다. 그 이유는 극락전의 부처님은 원래 부처님이 아니고 새로 조성해 모셨다 한다. 도난이 우려돼서 안전한 곳에 잘 모셔져 있다고 한다.

대웅보전의 관세음보살님은 원래 대승사에 모셔져 있었는데 불이 났다고 한다. 그런데 그 보살님이 마당에 나와 있었다고 한다. 화재가 정리되고 난 뒤 다시 모시려는데 움직이지 않아서 어느 스님이 "대승사에 모실까요?" 하니 움직이지 않아서 그러면 "봉암사에 모실까요?" 하니 움직여서 그래서 봉암사에 모신 것이라고 한다.

또 어느 스님의 얘기는 공양주에 대한 얘기였다. 요즘은 사회에 다양한 일거리가 많기 때문에 절에서 공양주 구하기가 어려운 형편이다.

절이 잘 되고 주지가 편하기 위해서는 공양주와 부전스님, 사무장이 일을 잘해 줘야 된다. 특히 공양주는 없어서는 안 된다. 신도들이 절에 오면 주지스님 찾기보다는 공양주를 흔히 찾는다. 공양주를 통해서 주지스님과 절의 근황 소식도 듣고, 차도 마시고 혹은 불공 올린 과일도 맛볼 수 있기 때문이다. 주지스님과 상담을 해야 하는데 편한 상대를 찾다보니 그런 것 같다.

그 스님의 얘기인즉 공양주에 대한 여러가지 이야기 중에 공양주와 시장에 갔는데 공양주가 천으로 만든 전통문양의 지갑을 갖고 싶다고 하여서 "저것은 좋지 않은 것이니 내가 좋은 것을 사주겠다."하고서 나중에 좋은 지갑을 사주었는데 하도 좋아서 발이 땅에 붙질 않더란다. 그래서 그 보살이 집에서 차까지 가져와서 열심히 일한다고 한다.

나도 공양주 때문에 고생을 많이 했다. 공양주가 노인인데 고집이 엄청 셌다. 주지를 이기고도 남았다. 계단 밑에 물을 채워둔 일, 봄에 연꽃 싹이 나지 않자 죽었다고 우기는 일, 구정물로 밥하고 국 끓인 일, 고구마 밭에 쓰레기 태운 일, 영가가 갇혀 나가지 못하고 있다고 한 일 등 참 많다. 그래도 일은 열심히 하고 밥은 맛이 있었다.

관음봉 소나무.

점심공양을 마치고 포행을 하기 위해서 혼자서 태고선원 뒤로 오르는 A코스 첫 번째 밧줄이 매어져 있는 암벽까지 쉬엄쉬엄 갔다. 경사가 심해서 밥 먹고 오르면 숨이 찬다.

선원 뒤쪽에는 기괴한 노송들이 많다. 바위틈에서 오랜 시간동안 척박하게 자라면서 크지도 못하고 뒤틀린 작은 소나무, 바위틈이라 키는 크지 못하고 하체만 크고 위쪽은 가느다랗거나 수분을 공급받지 못해서 위쪽이 죽어버린 나무, 자그마한 키에 가지가 수없이 뻗은 나무, 기골이 장대한 노송 등 참으로 눈을 떼지 못할 나무들이 많다.

행선(行禪)을 할 겸 등산도 할 겸 A코스 첫 번째 밧줄이 설치된 곳에 도착하니 공기가 차서 행선 할 엄두도 시를 쓸 엄두도 나지않아 서둘러 내려왔다.

급히 내려오다 보니 다른 길로 빠져서 내려 왔다.

오늘이 을미년 1월의 마지막 날이다. 세월이 유수라 하더니 실감나는 날이다.

봉암용곡 천년

첩첩산중 백두대간 단전
복지 희양산에
뿔없는 용이 알을 품으니
봉암사라

심심산골 가은 심충장자의
간절한 염원이
젊은 수행납자의 태양인
지증선사를 이곳에 모셨다

먹물 옷 입고 가사 발우 바랑에 메고

희양산 암봉서 자라는 소나무.

태고선원에 앉으니
그 기운 향기품은 바람이 되고
별이 되어 도량에 머문다

태고선원 산줄기 노송이 바위에 앉아
눈을 먹고 비를 먹으며 선정에 든 지
천백 년이라
낮에는 까마귀 우는 소리
밤에는 부엉이 우는 소리
개울에 물소리 선정을 깨운다

젊을 때부터 시에 관심이 많아서 혼자 써보기도 했는데 천부적 재질이 없어서 시를 잘 쓰지는 못하여도 쓰기를 좋아했다. 조용한 봉암사에 오니 너무 멋진 곳이라 주봉인 희양산을 오르고부터는 시를 써보고 싶은 생각이 간절했다.

그래서 써보았는데 실력이 없는지라 써놓고도 부끄러운 마음이 앞선다.

고요한 밤에 차가운 공기 나그네 마음을 바쁘게 한다.

또 하루가 가고

2015년 2월 2일

도량석 소리에 잠을 깨서 희양산 차가운 냇물에 세수를 마치고 법당 부처님 참배를 간다.

새벽정진을 마치고 삭목일이라 잣죽을 먹었다. 흰 잣죽에 무청, 물김치가 잘 맞다.

일곱 시에 서당 지대방에서 삭발을 마치고 목욕탕에 가서 묵은 때를 씻었다. 계곡물이라 온탕도 뜨겁고 좋다. 냉탕은 발이 얼얼할 정도로 시리다. 두세 번 냉온탕을 반복하니 개운하다.

아침 공기가 차다. 스님들은 일찌감치 김밥과 먹거리를 준비해서 산행을 떠났다.

아침에는 영하 7도이더니 오후에는 영상 2도다.

문을 열고 차를 마시니 봄날이다. 모레가 입춘이다. 행선을 하며 화두꼬리를 잡는데 집중하다가 하루가 간다.

희양산 주봉에는 무대를 마치는 인사를 하는 듯 암벽에 붉은 노을을 연출한다.

"기막히게 아름다운 아침의 꽃이라도 해가 지면 시드나니, 띵리 사람들이여! 당신의 육신에 너무 많은 희망을 걸지 말라." –『세상의 끝에서 만난 스님의 말씀』중에서

희양산 노송.

무의도인이 되는 길

2015년 2월 3일

12월 보름이라 서쪽 하늘에 걸린 달이 환하다. 달은 환하고 바람은 차갑다. 음력으로 갑오년 보름이다. 주지 소임을 볼 때는 경노당 위문과 정월 법회 준비로 이래저래 바쁜 달이다.

오전 8시에 포살을 했다. 전 대중이 모여 십중대계와 범망경 48경구계를 독송했다.

점심을 먹고 나니 날씨가 따뜻하다. 이틀 간 포행을 하지 못했다. 그래서 A코스를 등반하기로 하고 차 마시는 분들에게 가자고 했더니 몸이 지쳐 못 간다고 한다. 한 스님과 함께 올랐다.

혼자 오를 때는 여유로웠는데 둘이 가니 바쁘다. 밧줄을 타는 것이 전 보다는 쉽지만 재미는 덜하다. A코스로 올라가서 B코스로 내려왔는데 3시간 30분이 걸렸다.

저녁 시간에는 수좌스님의 상담(점검)과 법문이 있었다. 50여 명의 첫 철 안거 스님들이 모였다.

질문을 두 명의 스님이 했는데 수좌스님의 말씀은 공부하는 정신과 자세에 대한 당부였다. 말씀인 즉 "삼 개월 안거를 왔으면 공부에 전념해야 하기 때문에 바깥 인연은 완전히 끊어야 한다"는 말씀이셨다. 그리고 살려는 심정이 아니고 공부하다 죽으려는 생각을 갖고 있어야 공부가 된다는

봉암사에 자라는 이끼.

말씀이셨다.

참여자 중에는 안거를 많이 다니는 스님들도 더러 있는 것 같다. 뭔가 간절히 갈망하는 생각으로 방부를 들인 것 같았다.

무사(無事)한 사람이 되고 무의도인(無依道人)이 되는 것이 어려운 것인가?

어째서 무사하고 무의한 것이 도라고 하는가?

달과 별은 스스로를 밝히고 희양산 위를 날아다니는 여객기는 빠르게 가는데 정진 대중들은 말뚝처럼 움직임이 없다.

공부의 3대 요령

2015년 2월 4일

새벽 도량석 소리에 깨어 참배를 마치고 내려오니 달이 환하게 도량을 비춘다.

새벽 정진을 시작하면서 호흡을 길게 했더니 몸에 열이 났다. 더워서 옷을 벗고 정진했는데 두통이 조금 생겼다.

깨침이란 것이 앉아서 하는 좌선만 방법이 아닐 것이다. 실천하고 머무르며 앉으며 누워하는 것이 모두 참선이다. 경계에도 움직이지 아니하며 알아차리는 것이다.

성철스님께서는 제자들에게 효과적으로 참선하는 많은 방법을 제시 하셨는데 그중에 '공부의 3대 요령'에 대하여 말씀하셨다.

첫째, 일체망상에 신경 쓰지 말라.

희양산 포행로.

망상이 생기든 말든, 다만 화두(話頭)만 잡아라. 만약 그렇지 않고 망상을 제거하는 마음을 일으키면, 이는 망상에 다시 망상을 더하는 일 일 뿐이다.

둘째, 어떤 상황에서든 화두를 놓치지 말라.

공부의 비법은 딴 것이 아니라 어떤 상황에서든 설사 누군가가 머리를 베어가고 심장과 간을 오려내어 목숨이 끊어지게 될지라도 결코 화두를 놓치지 말라는 것이다. 이렇게 애쓰고 또 애쓰다 보면 잠이 깊이 들었을 때도 화두가 이어지는 때가 오는데 이 경지를 지나면 깨친다.

셋째, 화두에 최우선을 두라.

빨리 깨치려면, 다른 일은 다 뒤로 하고 모든 일에 우선순위를 화두에 두고 이곳에만 집중하라. 망상도 신경 쓰지 말고 오로지 화두만 잡고 있어야 견성한다는 것이다. 그렇지만 언제 견성할 것인지 기약은 없는 것이다. 부처님께서는 언제 이룰 것이라는 수기를 주셨는데 이것은 수기도 없는 것이니 어찌 보면 납자들에게는 가혹한 일인 것이다.

부엉이도 울지 않는 밤에 누런 달빛만 구름에 가렸다 건혔다 한다.

혼돈

2015년 2월 5일

새벽이다. 도량석 목탁소리가 메아리친다. 견성, 깨침, 성불이라는 것이 무엇인가? 도를 통하면 신묘한 현상이 생기는 것으로 생각하고 신명을 다하여 정진하는 것이다.

깨침을 통해서 한 찰라에 연화장 세계에 들어 비로자나불의 국토에 들어가면, 해탈 국토에 이른다. 그렇지 못하면 범부의 세계에도 들어가고, 아귀와 축생의 세계에도 들어가는 것으로 안다.

티베트의 성자 밀라레빠는 수행으로 불괴불변의 '지금강불'을 성취하셨다고 한다. 그 결과로 대락정토-투시타(도솔천)의 만다라 중앙에 앉아계신다고 한다.

임제스님께서는 어록에서 "허깨비나 허공의 꽃과 같은 것을 애써 붙잡으려 하지 말고, 얻는다, 잃는다, 옳다, 그르다, 이런 것을 일시에 놓아버려라"고 가르친다.

이곳 봉암사에서 정진하는 스님들의 얼굴이 밝다. 그중에는 집착과 경계에 걸려서 자기 자신을 놓아버리지 못하는 허상도 보인다. 집착과 걸림을 놓아 버리면 쉽게 깨친다고 한다.

봉암사 석종형 부도.

사냥꾼이었던 티베트 수행자 치라와괸뽀 도르제가 수행을 결심하고 밀라레빠께 "저는 이제 수행 정진하고자 합니다. 그러나 집에 가서 가족과 이별하고 바로 돌아오겠습니다."라고 하였다.

이에 밀라레빠께서는 단호하게 지금 당장 결정하기를 권한다.

왜냐하면 집에 가게 되면 여러 가지 일이 생기게 되기 때문이다.

말씀을 알아차린 치라와괸뽀 도르제는 스승의 말씀을 따라 집에 돌아가지 않았다. 그 결과 밀라레빠의 깨달음을 성취한 뛰어난 제자 중의 한 사람이 되었다고 한다.

오늘따라 '좌선과 참선'의 경계에 걸려서 생각이 많아진 오후가 되었다.

내일이 지증선사 종다례재가 있어서 부도탑을 깨끗이 하였다. 다른 본사나 오래된 절들에 비해 역사가 오래된 봉암사로서는 부도가 많지 않은 게 특이하다.

밤 8시가 되니 동산인 이만봉에 달이 뜨는데 엄청 크다. 정진이 무색하게 번뇌만 무성하다.

지증국사 종재일

2015년 2월 6일

새벽달이 밝다. 젊은 날 출가 할 때도 달은 밝고 별은 빛 났었다. 밝은 달에 취해서 밤중에 출가를 했다. 행자 때는 큰 스님 시봉하느라 바빴고 강원에서 공부할 때는 졸면서 새벽예불을 다녔다.

봉암사 첫 철 수행 일기를 쓰니 달과 별을 분명하게 보는 가 보다.

봉암사를 창건한 신라 지증국사(824~882) 종재일이다. 아침 8시 전 대중이 모여 지증대사 탑비를 참배하였다. 설 명은 수좌스님께서 하셨다. 오솔길을 따라서 동암 옆에 모 셔진 함허스님 부도를 참배하였다. 함허스님은 여러 경전을 섭렵해서 많은 주석서를 남기셨다. 특히 유교와 불교가 다

르지 않다는 것을
15가지로 조목조목
밝혀서 유생들로부
터 불교의 철저한
파괴를 막으신 분이
라고 한다. 환적스
님은 마애불을 새긴
분이라고 한다. 원
오스님은 당대에 존
경 받은 분으로 후
학에 많은 영향을
끼친 분이라고 한다.

지증대사 적조탑.

봉암사는 밤보다 아침이 더 추운 것 같다. 그냥 입은 대로
갔더니 몸이 차가워져서 당황스러웠다. 지증대사는 경주 사
람이고 9세 때 아버지를 여의고 부석사로 출가하였다. 대사
는 키가 8척(과거에는 1척이 23.1cm여서 184.8cm)이나
됐고, 말소리가 웅장하고 맑았으며 이른바 위엄이 있으면서
도 사납지 않은 분이었으며 평생 육이와 육시(여섯 가지의
훌륭한 사실과 행적)의 뛰어남이 있었다. 경문왕 4년(864

년) 41세 때에 미망인이 된 단의 장옹주가 그의 전장(田莊, 소유하고 있는 경작지)인 현계산 안락사를 제공하고 주지가 되기를 청하므로 수락하였다.

옹주는 그의 소유인 많은 토지와 노비문서를 대사에게 바쳤다. 대사는 이것을 자기가 개인으로 갖지 않고 별장 20개소와 땅 50결을 절에 내놓아 가난한 승려를 구제하는 밑천으로 삼도록 하였다.

현강왕 7년(881)에 왕은 대사를 궁으로 초청하여 월지궁에서 법문을 듣고 가실 때 가마를 하사하였으나 사람이 드는 '사람수레'라 하여 타지 않고 두었다가 병이 들었을 때 비로소 타셨다고 한다.

헌강왕 8년(882) 12월 18일 단정히 앉은 자세로 입적했으니 그의 나이 59세였다.

헌강왕 11년(885) 왕은 당나라에서 돌아온 최치원에게 글을 짓게 하고 83세의 노승 혜강으로 하여금 글씨를 쓰고 돌에 새기도록 하였다. 비석들은 해중석이라고 하여 바다에서 가져온 돌이라고 한다.

사시에는 법당에서 불공을 올리고 조사전에서 전 대중이 절을 올렸다.

꿈꾸듯 사는 삶

2015년 2월 7일

새벽에 법당 참배를 마치고 앉았다. 모두 목석인듯 움직임이 없다. 정적만이 흐른다. 시간이 빨리 흐른 것 같다.

다른 스님들은 움직임도 없이 꼿꼿이 잘 앉아 있다. 그런데 나는 불편한 게 많다. 좀 앉아 있을라치면 허리, 다리가 아프다. 또 방귀가 나오는데 참으면 배가 아프다. 수시로 가스가 생기는 상태이기 때문에 귀찮다. 이것뿐만 아니라 여러가지가 괴롭힌다.

사람은 누구나 젊은 때가 있다. 또한 꿈도 있다. 꿈은 이루어지면 좋은 일인데 그렇지 못하고 꿈으로 끝나는 경우가 대부분이다. 죽음 앞에 사람은 속수무책이다. 누구나 그렇다. 아무리 미워하는 사람도, 아무리 사랑하는 사람도 죽음 앞에서는 어쩔 도리가 없다.

우리는 희망에 젖어서 세월을 산다. 희, 노, 애, 락, 애, 오, 욕의 오욕칠정의 노예로 살다가 봄 햇살에 얼음이 꺼지는 줄도 모르다가 얼음 속으로 사라지고 만다.

청춘도 영원하지가 못하고 돈 벌이도 잠깐이고 권력도 잠깐이다. 이것이 세상이다. 티베트의 스승들은 망설이지 말고 수행하라고 권한다.

"그대가 세간의 즐거움에 빠져 바삐 지낼 때 죽음의 신은 그대를 기다리고 있구나. 띵리 사람들이여, 지금 바로 이 순간부터 수행 정진하도록 하여라."

티베트의 스승들은 수행을 강조하지만 나는 수행과 현실 속에서 당황스럽다. 수행은 현실을 외면해야 하고 현실은 수행을 외면하는 것이 현실이다.

티베트 사람들의 기도 수행은 참으로 대단하다. 과거에 티베트와 샹그릴라를 간 적이 있었다. 그 사람들은 생활이 기도였다. 샹그릴라 야간버스를 타고 쿤밍까지 간 적이 있었는데 버스 옆 자리에 장족 청년이 탔었다. 침대 버스가 출발할 때부터 염주를 돌리기 시작하더니 밤늦게까지 염주를 놓지 않고 기도를 하였다.

간밤 꿈에서 좋지 못한 꿈을 꾸었다. 나를 시기하고 방해하는 사람을 만나서 나는 그 사람을 쓰러뜨리고 겁박하는 꿈을 꾼 것이다.

스스로도 흥분해서 잠이 깼다. 세상을 착하게 살아야 하는가? 수행하며 살아야 하는가? 성인들은 착하게 살아야 한다고 하지만 세상은 그 가치를 얼마나 인정해 주는가?

인내하는 것이 세상이라고 한다. 인내하고 수행하고 끝없이 정진을 하면 그 열매는 맛이 좋을 것이다.

간밤의 꿈으로 마음이 심란하다. 무엇이든 간에 횡포는 막아야 한다. 횡포를 막는 것이 수행자의 정신이자 수행자가 지녀야 할 파사현정의 정신이다. 간밤의 꿈으로 계속 심란한 하루다. 나의 횡포는 무엇인가?

변화

어제 저녁정진은 참으로 쉬웠다. 몸이 가벼워 좌선하는데 전혀 불편하지 않았다. 한 시간을 앉았는데 참 편했다. 그래서 두 시간을 계속했다. 두 시간째는 허리도 다리도 어깨도 조금 아팠다.

며칠 전부터 일요일 일기예보가 심상찮았다. 근래 들어 가장 추운 날을 표시하고 있었다. 그래서 저번 내기에서 졌던 스님이 이번에도 내기를 하자고 한다. 내기의 내용은 온도가 많이 내려가느냐 적게 내려가느냐였다. 나는 많이 내려가는 쪽에 걸었다. 부처님께서는 내기라든가 장사를 하지 말라 하셨는데 가르침을 정면으로 위반한 것이다.

새벽예불을 가면서 온도계를 보니 0도였다. 예보 상에는 영하 4도~6도는 돼야 하는데 영도라니 빗나간 예보였다. 그런데 밖을 보니 눈이 조금 깔렸고 북풍이 강하게 불고 있었다. 일단 기다려보기로 했다. 새벽정진을 마치고 나니 영하 3도였다. 아침공양을 하고 나니 영하 6도. 오전 정진을 시작하기 전에는 영하 9.5도였다.

정진을 하는데 북풍이 강하게 불고 있었다. 내기한 스님이 뒷방에서 "아니야"하는 소리가 들렸다. 내기 한 스님에게 확인시키려하니 어디 가고 없다. 두 번 지고 나니 자존심이 상한 건 지 게임은 게임일 뿐이다. 아무튼 재미있는 한나절이 되었다. 세 번째 달은 시간이 금방 간다는데 정말 그런 것 같다. 하루 종일 세찬 바람이 불고 기온이 낮고 차다. 봄날 같았는데 새롭게 겨울이 온 것이다.

인내

새벽부터 북풍이 세게 불고 공기가 엄청 차다. 영하 12도다. 사람들의 마음에는 봄이 왔다고 꽃이 핀다고 하는데 아직 아니다. 새벽에 일어나는 일은 좋은 일이다. 상쾌한 공기를 마시고 날이 밝기 전까지 앉아 있을 수 있으니 좋다.

세상은 역사가 시작된 이래로 끊임없는 노력을 통해서 문화를 발전시키고 부를 축적하고 권력을 추구해 왔다. 어떤 학자는 유럽에 불교가 전래된 것은 굉장한 일이라고 하였다. 경쟁하며 세상을 사는데 있어서 그것들이 사람들을 매료시키는 필요악이기도 하다. 모두가 같은 것은 아니다. 소위 그런 욕심에 매료되고 뜻을 둔 일부 사람이 있긴 하다. 그러나 크고 작고의 차이는 있으나 모두가 그런 흐름에 휩

쓸려 간다. 소위 사람
구실을 하기 위해서는
반듯한 직장, 가정, 승
용차, 집 등을 가져야
한다. 그렇지 않으면
사람 취급 내지 대접
받기가 어렵다. 사회의
발전은 인간의 육신이
끊임없이 필요한 요건
을 충족시키기 위해 발

반결재 등산.(용추토굴)

전한다. 거기에 사람들의 마음이 더불어 물들어 간다.

사람은 육신의 노예로 끝없이 물들고 육신이 필요한 것을
추구하며 마지막까지 발버둥치며 산다.

마지막 순간에는 살아있는 동안 충족시켰던 모든 욕망들
을 놓아 버려야 한다.

물질들은 가족에게 남겨지고 업은 자신이 가져간다고 한
다. 그래서 내생에는 그 업에 눌려 삼악도에 태어나거나 그
업 그대로를 가지고 인간계에 태어난다고 한다.

수행을 무엇이라고 정의하겠는가?
깨달음을 향한 여정이라고 하겠는가?
버림을 위하 인내라고 하겠는가?
버리면 뭘 버릴 것이고 인내하면 뭘 인내한다는 것인가!
인간은 끊임없이 인간의 끊임없는 노예일 뿐이다.

낮에는 날씨가 맑았는데 저녁이 되니 눈이 내리고 바람이
집어 삼킬 듯 세차게 분다.

눈에 티끌이 없으면
허공에 꽃이 없다

2015년 2월 10일

간밤에는 잔 건지 깬 건지 상태가 묘했다. 잔 것 같기도, 깨어 있는 것 같은데 분명 깨어있는 것은 아닌 묘한 상태였다.

마당에 눈은 조금 있는데 아침이 되면 없어질 것 같고 공기에 찬 기운은 없다. 새벽 정진은 참 좋다. 앉아있으면 날이 밝아오고 새벽 기운을 받는 느낌이 든다.

봉암사에 온 지 두 달이 지났다. 처음 산행할 때는 발목도 무릎도 허리도 아팠는데 이제는 그렇지 않으며 몸이 많이 가벼워졌다.

처음 올 때 몸무게가 79키로가 조금 넘었는데 지금은 73키로 정도 된다. 그래서 일부 사람들은 내가 봉암사 체질이

눈이 온 봉암사 전경.

라고 한다. 나도 사실 적응이 잘 되고 있고 스님들의 활발한 모습을 보니 좋다.

"눈에 티끌이 없으면 허공에 꽃이 없다"는 구절은 『임제어록』의 소제목이다. 말인 즉슨 '마음을 잘못 쓰지 마라'는 내용이다. 사람들은 곧잘 내가 가진 것에 대단한 가치를 두고 남을 업신여기거나 자기 뜻과 다르면 분심을 내기도 하는 등 꼴불견의 마음을 내거나 행동을 하기도 한다. 마치 쓸데없는 짐을 잔뜩 짊어지고 돌아다니는 사람처럼 천하를 돌아다니다가 스스로의 견해가 장애를 일으켜 마음을 가로막는 것이다.

정치인이든 누구든 어쭙잖은 사람들이 자신의 꾀에 빠져 사물들을 바로보지 못하는 소견이 생기는 것이다.

점심 먹고 혼자서 이틀을 쉰 산으로의 포행을 나가니 즐겁다. 빠르지도 느리지도 않다. 산과 소나무와 대화하며 오솔길을 걷는 것은 최고로 선택 받은 혜택인 것 같다.

날씨가 풀리니 법당 뒤에서 산비둘기가 소리를 내며 운다.

여섯 기관의 놀음

2015년 2월 11일

사람에게 있어서 사람 구실을 하게 하는 것이 육근(안이 비설신의, 眼耳鼻舌身意)이다. 여섯 기관을 구비하지 못하면 놀림을 받고 사람으로서 향유할 특권을 누리는 것이 제한된다.

여섯 가지 기관에 의해서 여섯 가지 기관의 대상인 경계가 생기고 기관과 경계에 의해서 인식이 생기고 그 인식에 의하여 좋고 나쁘고를 판단한다.

모든 법은 항상 참이 없다고 했다. 그리고 모든 법에는 내가 없다고 했다.

부모미생전의 나의 본래면목은 원래 없는 것이며 지금의 나도 신체가 없으며 임시로 빌려 쓰는 것이다. 고장 나면 수리하고 나갈 때가 되면 가는 것이다. 나라는 고정된 실체가 없기에 아미타불의 서방 극락세계에도 갈 수 있으며 삼악도에도 갈 수 있는 것이다. 또한 부처님도 되고 조사님도 되는 것이다.

새벽 정진에 큰 변화가 있다. 다른 날에 비해서 특히 안정

희양산 고란초.

된 느낌이 들고 안정되어 있다. 조금씩 화두에 의심이 가기도 한다. 금방 생각난 것들을 적지 않으면 잊어버린다. 나중에 기록하려고 하면 기억이 살아나지 않아 적는 것이 어렵다. 생각이 일어날 때 기록해야 한다.

점심을 먹고 이틀간 혼자서 포행하니 자유롭고 편하다.

남훈루 스님들이 정진하는 모습이 좋아서 정진이 끝나기 전에 사진하나 찍으려니 평소 잘 아는 스님이 손을 들어 찍지 말라는 동작을 해서 찍지 않았다. 사전에 청중스님에게 상의했지만 대중스님들의 허락을 받아야 하는 일이었던 것이다. 일에 있어서 절차는 중요하다. 뒷모습만 찍는 것이었지만 싫어하니 그만 둘 수 밖에 없는 일이다. 방송국에서 촬영 요청이 있으면 대부분 싫어했지만 불교 홍보가 된다고 생각해서 도맡아서 촬영에 협조하곤 했다.

날씨가 많이 풀렸다. 얼었던 얼음이 녹으면서 물이 흥건하다. 화두도 이처럼 녹아주었으면 한다.

자유정진

2015년 2월 12일

바람이 거세게 분다. 봄이 오기 전 우주의 변화를 위한 몸부림인가 보다.

태고 보우국사의 종재일이다. 그래서 사시불공을 올리고 전 대중이 조사전에 참배를 갔다. 전각에 공양물을 올리고 처음 삼배를 올리고 좌정하였다가 전 대중이 삼배를 올리고 마쳤다.

태고 보우국사는 1362년(공민왕 12)에 봉암사를 중수했으며, 그 뒤 1381년(우왕7) 다시 봉암사에서 주석하다가 이듬해 입적했다.

점심공양은 어느 절에서 대중공양을 올린 짬뽕을 먹었다. 후식은 두리안, 며칠 전 눈 속에 묻어 둔 두리안은 오전에

꺼내 먹은 탓에 점심 때는 다른 것을 먹었다.

오후시간 전 대중들은 자유정진을 했다. 얼마 전에 지은 '봉암용곡 천년'이란 시를 페이스북에 올렸더니 페이스북에서 친구며 시협에서 활동하는 분께서 칭찬의 말씀을 하시기를 "어떤 신선이 살아도 이런 시를 쓰기 어렵다"는 과찬의 말씀을 해 주셨다. 칭찬 받아서 기분 나쁜 사람 없는가 보다. 시가 좋다하시니 상 받은 기분이다.

점심을 먹고 삼일 간 남산을 올랐다. 절까지 오는 시간은 두 시간 정도 걸렸다.

남산 오르는 길은 가파르다. 그곳을 오르면 U자 곡이 있고 그곳을 오르면 작은 봉우리 서너 개가 있다. 그 길 끝에서 오른쪽은 관음봉 가는 길이고, 왼쪽 내리막 산길을 내려와서 동네를 통해서 절로 들어오게 된다. 어제 저녁에는 피곤했던지 앉은 채 잤는데 얼마나 잤는 지 모르겠다.

간밤에 꿈을 꾸었는데 흉몽인 것 같다. 개울에서 어떤 사람들이 시체를 찾는다고 했다. 시체에 관한 꿈은 항상 좋지 않았다. 나는 개울을 지나 학교에 갔는데 이층 복도에 책상이 즐비하게 놓여 있었는데 지저분했다. 그곳을 지나서 왼쪽에 있는 교실에 가니 학생들이 책상에 엎드린 체 자고 있

희양산 정상가는 석벽길.

었다. 나는 그 사람들에게 폭행을 가했다. 이러한 현상들이 분노한 마음의 표시인지 중생제도의 뜻인지 개꿈인지 모르겠다.

바람이 거칠다. 밤 아홉시인 지금 밤하늘에 별들이 반짝인다. 화두가 별처럼 성성(惺惺)하다.

비움

2015년 2월 13일

새벽이 열렸다. 까만 밤하늘에 별이 총총하다. 며칠째 바람이 세게 분다. 기온도 낮은 편이다. 두 달여가 지나니 앉는 것도 편하고 마음도 편하다. 소식과 정해진 시간의 숙면을 통해서 이번 겨울에는 감기도 없다.

포행 시간에는 나흘째 개울을 건너고 남산을 오르고 관음봉 가는 반대쪽 능선을 따라 내려왔다. 쭉 따라오면 가은요가 나오고 동네를 지나 홍문정 다리를 지나면 절에 도착한다. 며칠째 다녀도 아픈 데 없이 컨디션이 좋다.

좌선에는 여러가지 목적이 있지만 개인적으로 생각했을 때 비우지 않으면 앉을 수 없다고 생각한다. 세상만사 이치가 그렇지 않은가? 비우고 정리하면 즐거움이 있다고 생각한다.

위선으로 가득한 자신을 비우고 지식으로 가득한 자신을 비우고 온갖 상처투성이의 자신을 비울 때 새 세상이 보이지 않겠는가!

법정스님의 책 『버리고 떠나기』를 재미있게 읽었었다. 맹사성에게

봉암사 대형수곽.

가르침을 준 일화 중에 '숙이면 부딪히는 일이 없다'는 유명한 이야기도 있다.

현대와 같은 시대에 좌선에만 몰두하면 염세주의자나 은둔주의자로 본의 아니게 인식될 수도 있다.

이런 사량 분별에 휘둘려서는 임제의 할과 덕산의 방을 피할 수 없을 것이다.

저녁 공양을 마치고 나니 석양이 희양산 아래에 걸려 있다. 바람이 차진다. 구름을 보면 마음이 우울해진다. 때로는 맑음을 위해서도 구름이 필요하다.

마음 비운 자리

2015년 2월 14일

새벽 밤하늘에 구름이 가려 별과 달이 보이지 않는다. 구름이 없다면 밤하늘에 별과 달이 환하게 반짝일 것이다.

수 많은 별들 중에 반짝이는 별만 기억되고 보인다. 수 많은 사람 중에서도 그렇고, 수 많은 물건 중에서도 수 많은 시간 중에서도 그럴 것이다. 다분히 주관적인 입장에서만 있게 되는 것이다.

현대는 물질적으로 풍요해서 살기 좋은 세상이다. 그런데 정신병적인 환자가 많다고 한다. 상태는 가볍지만 그렇다고 한다.

어떤 분의 글 중에 재미난 글이 있다.

"부자 중에 제일은 마음 편한 부자요, 자리 중에 제일은 마음 비운 자리이다."

윗글과 같은 마음만 가진다면 세상은 얼마나 살기 좋을 까? 글은 읽기만 하고 그림은 바라만 볼 뿐이다. 그러나 마음은 비워야 한다. 마음을 비우지 못하면 불행해진다. 물론 정의를 위해서 생명을 바치는 사람들도 많다. 그러나 모든 일들에 옳고 그름을 따지려 하면 어떻게 살겠는가? 강제로라도 비워야 한다. 욕심이 생긴 즉 불행해진다.

마음 편한 부자가 최고의 부자요, 마음 비운 자리가 최고의 자리일 것이다. 약을 먹지 않고 독한 술을 먹지 않고 살수 있는 것은 비우는 일이다.

김천에서 손님 두 분이 오셨다. 대중공양물로 땅콩 한 말을 볶아 오셨다. 점심을 먹고 두 분을 모시고 관음봉과 옻밭을 거쳐 내려왔다. 눈이 녹은 상태라 길이 생소하다. 내려오는 길도 계속 바람이 제법 차다. 토요일은 저녁에 라면을 먹는 날이다. 조금 늦어서 갔더니 다 먹고 나가서 식당이 조용하다. 일주일에 한 번 먹는데 맛이 괜찮다.

아침에는 토란국이 나왔는데 맛이 좋았다. 어릴 때 토란국을 먹을 때는 껍질을 덜 까서 그런 지 맛이 까칠까칠했다. 그래서 별로 좋아하지 않아서 피했는데 어느 날 토란을 구워서 먹어보니 맛이 너무 좋았다. 그래서 그 뒤로 토란 마니아가 되어서 토란국이 나오면 반가웠다.

봉암사 식단에는 대단한 정성을 들인다. 평상시에는 별것이 없지만 봉암사의 물과 공기 정성만으로도 특별하다. 그러나 전국에서 오는 대중공양 중에 대단한 솜씨를 자랑하는 분들이 오셔서 직접 만들어 주실 때는 같은 나물들이라도 대단한 맛을 낸다.

밤에는 별이 초롱초롱하고 바람과 기온이 평온하다.

희양산 바위.

신구의 삼업(身口意 三業)

혼자 산다면 다른 것들에 신경 쓸 일이 없다. 옳고 그름에 휘말릴 일이 없기에 혼자 살기를 좋아하는 사람도 있다. 스님들이 출가한 이유는 시비에 휘말리는 세상이 싫기에 혼자 또는 그런 이유로 삭발하고 먹물 옷을 입는다.

인간은 감정의 동물이라 삭발염의를 하여도 근본적인 마음의 수양이 되지 못하면 모양만 수행승인 것이다.

선원에 오니 어느 스님이 차를 마시다가 말하기를 "대중 생활 중에 하고 싶은 말을 하지 않는 것이 지나고 보면 이롭다"고 한 적이 있다.

대중생활 속에는 모든 것이 전염성이 강한 것 같다. 수좌 스님께서 당부 말씀을 하시기를 "남들이 가자고 하면 가고,

202 산강 대혜스님의 봉암사 동안거 일기

본인 스스로 어디를 가자고 청하지 말라"고 하신 적이 있다. 다른 사람에게 피해를 줄 수도 있다는 말이다.

티베트의 성자들은 삼업에 대하여 색다른 의미를 부여하고 있다.

첫째, 신업(身業)에 대하여는 "오체투지와 성지순례는 육신의 업을 정화시키나니, 세간의 일들을 멀리하여라" 하였다.

둘째, 구업(口業)에 대하여는 "기도문과 귀의는 구업을 정화하나니, 세간의 어리석은 대화를 멀리하여라"하였다. 말이란 묘한 것인가보다. 천 냥의 빚도 갚고 살인도 하는 것이니 그런가보다. 반면에 간단한 기도문, 진언, 삼보를 부르는 귀의문 등을 소리 내어 말하는 것은 고통에서 자유롭게 하고 큰 혜택을 얻게 한다고 한다.

셋째, 의업(意業)에 대하여는 "강력한 헌신은 의업을 정화시키나니, 그대의 정수리 위에 스승을 떠올려라"하였다. 끊임없는 헌신은 지속적인 평정과 만족을 가져다 준다고 한다. 헌신은 '스승의 자비라는 낚싯바늘로 윤회계의 수렁을 밖으로 잡아당기는 고리'라고 한다.

절과 기도와 스승을 따르는 수행은 삼업을 정화하는 것이

희양산 등산로.

라고 한다. 그러므로 자신의 변화를 성취한다. 삼업을 잘 다스리는 것은 세속적으로는 부와 지위를 가질 수 있고 출가 수행자에게는 원력에 따른 삶을 살 수 있다.

점심 공양으로 유기농 채소로 만든 채식 뷔페를 차렸는데 종류가 많아서 조금씩만 담아도 한 접시가 되었다.

오일 째 남산을 오르고 가은요를 지나서 홍문정을 지나오는 둘레길을 걸었다. 혼자서 걸으니 여유도 있고 바쁘지도 않아서 좋다. 일기예보에 자정부터 비가 온다더니 서풍이 분다. 바람이 부니 부엉이가 조용하다.

비

2015년 2월 16일

새벽 예불 시간에 밖에 나가니 비가 내린다. 소나기가 아니고 조용조용 내리는 비다. 비가 오는 것을 보니 해제가 가까워지는 것 같다.

새벽 정진을 끝내고 아침이 돼서 산을 보니 산은 하얗다. 절에는 비가 내리고 산에는 눈이 내린 것이다. 하루 종일 비가 내리고 저녁이 되니 싸락눈이 내린다.

금년 겨울에는 눈이 조금씩 내렸고 많이 오지는 않았다. 내일과 모레 이틀간 눈이 내리면 얼마나 내릴 지 궁금하다.

비가 내리는 날이면 좋다. 마음이 차분해지고 조용하다. 목말랐던 대지가 목을 축이니 얼마나 좋은가. 비가 세상을 깨끗이 씻어 내지만 사람의 마음은 요지부동이다. 누가 말

했듯이 '걸레는 씻어도 걸레'라더니 중생의 마음이 바뀌어 부처의 마음이 되기란 정말로 어려운가보다. 조석으로 마음이 바뀌니 말이다.

희양산 토끼.

이제 해제가 가까우니 봄 기운이 느껴진다. 개울에는 버들강아지들이 회색 싹을 틔웠다.

매일 포행을 하면서 통제소를 드나드는데 통제실 건물의 양 옆에 진돗개가 있다. 왼쪽에는 용곡이라는 암컷이, 오른쪽에는 봉암이라는 수컷이 있다. 내가 드나든 지 두 달이 지났는데도 혼자면 꼭 짖어댄다. 수놈은 입 꾹 다물고 쳐다보기만 한다. 누가 치즈를 주면 짖지 않는다는 이야기를 듣고 어느 날은 산에 갔다가 오는 데 나를 보더니 "멍!"하더니 치즈를 내보이니 "멍멍!" 짖는 소리가 쏙 들어갔다. 개에게도 뇌물이 통하다니 신기하다.

암컷에게는 두 쪽, 수컷에게는 한 쪽의 치즈를 던져줬다. 내일은 안 주고 그냥 지나쳐 봐야겠다. 짖는지 마는지.

수좌스님은 그 경계를 뭐라고 말씀하실 지 궁금하다.

대청소

어제부터 내리던 비가 오후부터 싸락눈으로 변해 내렸다. 새벽에는 함박눈이 내리다가 싸락눈으로 변해 오다가다를 반복한다.

아침 공양에는 순두부 국이 나왔다. 참으로 오랜만에 맛보는 순두부다.

사과 한 쪽을 먹기 위해 다각실에 들르니 어느 스님이 원두커피를 준비한다.

냄새 맡은 김에 먹었더니 맛이 별로다.

울력이 끝나고 오룡차를 마시고 점심을 먹고 보이차 마셨다. 힘을 쓴 탓인지 목소리에 힘이 하나도 없다. 곧 죽어가는 할아버지 목소리가 난다.

엊그제 안거한 것 같은데 모레가 설이다.

스님들이 한결같이 세월이 빠르다고 한다. 세월이 빨리 가는 만큼 견성(見性)은 따라가지 못하는 것 같다.

눈비가 내려서 땅이 질퍽질퍽하다. 법당의 방석을 털고 뜰을 쓸고 닦고 해서 청소를 마쳤다. 다 마치고 나니 1시 30분이다. 뭘할까 하다가 밀짚모자를 쓰고 남산을 올랐다. 출발할 때는 눈이 내렸는데 정상쯤 가니 그쳤다. 카스와 페이스북 친구들에게 명절 인사를 남겼다.

산에 눈이 조금 쌓였지만 미끄럽지가 않다. 가다보니 눈도 그치고 추위도 누그러졌다. 평소 가던 대로 산을 한 바퀴 돌고 오니 저녁 먹을 시간이다.

저녁 먹고 선 체조를 배우게 되었다. 여기서 배우면 어디서든 할 수 있기에 배워 두면 좋을 것 같아서 배우기로 했다. 기본기를 배우는 시기라 어려운 동작은 없다.

저녁 예불을 마치고 밤까기 울력을 했다. 울력 중에 어느 스님의 농담이 있었다. "라면 중에 최고의 라면은 그대와 함께 라면", "술 중의 가장 좋은 술은 당신만 있어 주"라고 하여 한바탕 웃었다.

어릴 적 설과 지금의 설을 비교하면 전기도 없고 버스도 없을 적의 설이 훨씬 좋다.

어릴 적 설에는 강정도 유과도 만들었고 방앗간에 가서 떡가래를 빼서 떡국 끓일 떡도 썰고 닭고기로 꾸미도 만들었다. 운동화도 사고 옷도 샀기 때문에 설은 최고 즐거운 날이었다.

선방에 온 선물.

설 전날

2015년 2월 18일

날씨는 춥지 않은데 싸락눈이 내린다. 새벽 정진이 많이 쉬워진 듯하다.

아침공양 나갈 때도 춥지가 않다. 빵모자를 쓰지 않아도 될 정도이다.

내일이 설이고 그믐날이라 삭목일이다. 서당 지대방에서 삭발을 마치고 세면장에서 씻었다. 대중들이 탕에 몸을 담그고 있다. 까마득히 먼 듯 했던 설이 내일이니 세월이 빠르다는 생각이다. 정말 그렇다.

첫 철 공부한다고 짐 싸서 온 것이 어제 같은데 보름이면 떠나야 한다.

희양산 봉우리에 눈이 쌓여 보기가 좋다. 경내에도 눈비

를 먹은 이끼들이 살아나서 선명한 색깔을 드러내 아름답
다. 고란초와 이끼들, 나무에 핀 버섯, 눈비가 와서 물이 불
어난 계곡을 찍었다. 훌륭한 광경을 찍기 위해서 카메라를
샀다. 그런데 아직 다루는데 서툴다.

예불도 발우공양도 정진도 없는 날이라도 방에서 마냥 뒹
굴고 있을 수 없다. 눈이 내려서 산에 갈 수도 없다. 조용히
처소에 앉아 화두를 들어보니 순일하다. 산중이라 오는 사
람도 가는 사람도 없다. 눈만 오락가락 한다. 그래도 마음은
평온하다.

봉암사 이끼.

설

설이다. 민족의 최대 명절이다. 그래서 새벽에는 죽비예불 대신 정식예불을 마치고 통알새배를 했다. 5시에는 차례를 모셨다.

위패를 모실 스님은 모시고 새벽 설 차례를 지냈다.

설이라 정진이 없다. 하루 쉬는 날이다.

고향을 떠나 출가를 하였고 출가한 본사를 떠나서 공부하러 왔기 때문에 명절을 느낄 그런 분위기가 아니다. 대부분 사람들이 고향을 떠나 살지만 출가해서 사는 삶은 뭔가 기분이 다르다.

아침 공양에는 떡국을 먹고 강정을 먹었다. 떡은 색깔이 있는 떡이다.

눈길 산행.

　시골집 대문에는 명절을 맞아 고향을 찾아 온 자식들의 차들이 서 있다. 선물을 준비하고 고향의 가족들에게 인사를 하고 연로하신 부모님 일을 도와주고 가는 갸륵한 정성을 보이는 자식들로 부모님은 최고로 행복한 날이 설이었다.

　점심을 먹고 포행을 했다. 계곡을 따라 올라가서 옻밭을 지나 관애재를 지나면 계곡이 나온다. 작은 컨테이너가 있는 곳에서 왼쪽 계곡을 따라 오르면 재에 이르고 그곳을 지나면 작은 도랑이 흐른다. 그 도랑을 따라서 왼쪽으로 꺾으면 가은요가 있고 가은요를 지나면 원북2리 마을이 있다.

그 마을을 지나면 홍문정이 있다. 세 시간 거리인데 행선(行禪)하기 좋은 코스다.

산정에는 눈이 쌓였고 날씨가 좋다. 경내에는 새해를 맞아 기도하러 온 신도들이 더러 보인다. 며칠째 내린 눈비로 계곡물 소리가 제법 크다.

을미년 새해를 맞이해서 모든 사람들이 건강하고 도업을 성취하기를 축원했다.

스승

오늘은 참 많은 일을 생각하게 한 하루다.

책을 뒤적이다 말고 생각해 보니 한밤중에 달빛 따라 집을 떠나온 지도 삼십 팔 년째다. 설 연휴인데도 절 분위기는 설과는 무관하다. 또 한 스님이 떠났다. 대중으로 산다는 것이 복이기도 하지만 또한 화의 근원이기도 하다. 대중 속에는 하심과 겸손이 최고인 듯하다. 평소에는 그것을 알지만 막상 닥치면 분노를 주체할 수 없는 것이 중생인가 보다.

수행이란 정해진 장소가 없지 않은가!

스승도 정해진 스승이 없고 모든 사람과 만물이 스승이지 않겠는가! 선재동자는 53명의 온갖 출신의 사람들을 만나서 스승으로 삼고 삶을 배운 것이다.

희양산 자연석.

오늘의 적도 나의 스승이며, 내일의 원수도 나의 스승이다. 세상에 영원한 것이란 없다. 모두 마음에 들 수도 없으며, 모두가 내 것이 될 수가 없다.

날씨가 따뜻하다. 원로선원 계곡을 따라서 포행을 했다. 원로선원을 지난 동쪽에 계곡이 있는데 물이 많고 자연석들이 그대로여서 보기 좋다. 계곡 쪽의 민가에 노스님이 한 분 사시는데 집이 형편 없다. 그 집 왼쪽 오솔길을 따라 올라가면 정상에 오르는 C코스가 나온다.

산허리에 오르니 큰 멧돼지가 땅을 파다가 놀라서 도망간다. 며칠 전에 내린 잔설이 있어 조금 미끄럽다. 길이 없어서 능선을 타고 오르니, 넓은 암석 벼랑 옆에 도착했다. 경치가 A코스와는 비교가 안 되지만 천천히 오를만하다. 정상까지는 시간이 더 필요했다.

설 연휴라 대중공양도 방문객도 없는 편이다. 단지 설을 맞아 신도들이 법당 참배를 한다. 한복 입은 사람들은 보이지 않는다. 명절에는 한복을 입으면 멋지고 아름다울 텐데 메마른 정서가 아쉽다.

절에 도착해 잠시나마 화두를 든다. 세상일은 잠시 멈춘 듯 조용하고 나의 진면목도 보일듯 말듯하다.

비(감로수)

어제 밤부터 비가 내린다. 내일까지 내릴 모양이다. 많이
도 아니고 조금씩 내린다. 계곡에 흐르는 물소리가 제법 크
다. 봉암사 희양산에 내리는 비는 전부 감로수가 된다. 희양
산 전체가 암반으로 되어 있으며 땅은 맥반석 종류의 마사
토다. 그러므로 내리는 비는 땅속으로 스며들어 감로수가
된다. 봉암사에 내리는 비가 아니더라도 비는 감로수다.

티베트의 성자들께서는 '음료수는 마음 챙김의 감로수'라
고 하였다.

"세상에서 가장 숭고한 음료는 마음챙김의 감로수이다.
띵리 사람들이여, 이 감로수의 흐름은 결코 중단되지 않으
리라."

만약 마실 음료가 필요하거든 마음 챙김과 깨어 있음의 차를 마셔라.

감로수란 마음의 갈증을 풀어주는 신비한 물이다. 부처님의 법이 중생들에게는 답답한 마음, 애타는 마음, 궁금한 마음을 풀어 헤쳐주는 물이 되기 때문이다.

봉암사 암반수.

'마음챙김의 감로수'는 죽음에 이르렀을 때도 많은 도움이 된다고 하며 모든 행동과 영적 성장을 이끌어 준다고 한다.

사람들은 바쁜 일상 속에서 충격을 받으면 넋을 놓게 되어 있다. 소위 '넋 나간 사람'이 된다. 만사에 대비를 충분히 한다면 만사가 잘 풀릴 것이나 사람이란 그렇지가 못하다. 기분에 고조되거나 느슨해지면 마음이 흐트러지게 된다. 그런 상태를 틈 타서 마가 끼어든다.

마음 챙김이란 자신을 단속하기 때문에 자신의 실수를 방지하고 자신의 마음을 발전시키고 죽음에서 편안을 느끼는 여유를 가질 것이다.

깜깜한 천지에 처마에서 낙숫물 떨어지는 소리가 또렷하고 계곡물 소리가 우렁차다. 화두를 들면서도 마음 챙김을 잊지 않는다.

이끼

새벽 도량석 소리에 깨어 나와 보니 비가 부슬부슬 내린다. 새벽 참배를 마치고 바로 큰방 좌복에 앉았다. 두 달 이상, 석 달 가까이 앉은 좌복이다. 얼마나 앉아야 견성자를 볼지 모르겠다. 깜빡 존 적도 없었는데 어느 순간 고개가 푹 숙여졌다. 나도 모르게 존 것이다.

여러 가지가 많이 좋아졌지만 화두는 여전히 딱딱하다.

오전 정진도 후딱 지나갔다. 비가 부슬부슬 내리지만 우산은 쓰지 않아도 될 정도이다.

점심은 짜장면과 후식으로 두리안이 나왔다. 처음에는 두리안이 안 남을 정도로 다 먹었는데 이제는 상에 반이 남았다.

점심을 먹고 나니 갑자기 날씨가 좋아졌다. 햇볕이 쨍쨍하다. 큰일이다. 이끼 사진을 찍어야 하는데 말라버리면 이끼의 모양이 없어지고 색깔이 사라진다.

생활공간 주변에서 이끼를 보기는 좀처럼 어렵다. 있다고 하더라도 응달 흙바닥에 깔린 정도이다. 이곳 봉암사에는 다양한 이끼가 있는 것 같다. 이끼는 물기가 많고 음지의 청정한 지역에 사는가보다. 이곳에는 오염물질이란 하나도 없다. 난방도 전기를 쓴다. 그래서 흔히 맡는 기름보일러 연기 냄새도 없다.

처음에는 이끼가 다양하다는 것을 몰랐다. 눈비가 오는 날 우연히 마당에 있는 바위를 보니 색깔이 곱고 아름다운 문양의 몇 가지 이끼가 선명하고 촉촉하게 피어 있었다. 물기를 머금은 선명하고 화려한 색깔은 꽃과는 차원이 다르다.

오늘도 며칠 간 비가 왔기에 여기 저기를 둘러보니 더 많은 종류의 이끼를 구경할 수 있었다. 가장 흔한 색인 파란색과 회색, 노란색, 하얀색, 검은색 등 색깔도 다양하다. 그리고 화려하다. 여태껏 보지 못했던 다양한 이끼를 구경했으니 큰 행운이다. 그래서 여러 장의 사진도 남겼다. 이끼를 구경하고 사진을 찍다 보니 오후 시간이 후딱 지나갔다.

사람들에게는 설 연휴가 끝나고 내일이면 일상이 시작된다.

저녁에는 실안개가 끼고 바람이 불었다. 계곡에는 난리가 난 듯 소리가 대단하다. 정월 산림 기도하는 법당의 목탁 소리가 자연의 소리와 어울려 퍼진다.

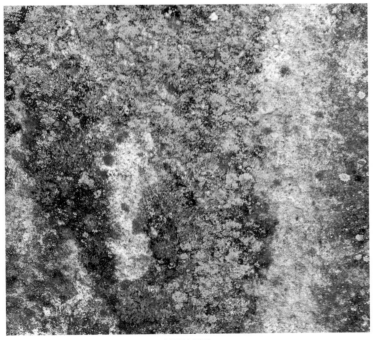

봉암사 이끼.

산정에서의 좌선

새벽정진을 하는데 마음이 상쾌하지 못하다.

이제 며칠이면 끝나는데 허리가 아프고 꿈도 좋지 않다. 꿈이라는 게 다 그런 것은 아니지만 좋은 꿈과 나쁜 꿈이 있다. 그래서 꿈을 꾸고 나면 스스로 관찰하는 버릇이 생겼다. 대부분 개꿈이거나 일장춘몽이다. 그런데 신기하게 맞는 꿈이 있다. 그래서 꿈을 유심히 관찰하는 버릇이 생겼다.

오전정진을 들어가는데 눈보라가 슬쩍 흩날린다. 눈을 기대했지만 이내 그치고 만다.

산정에는 구름인지 안개인지 자욱하다.

어제 점심 때 먹은 짜장면이 덜 내려갔는지 속이 더부룩하다. 그래서 오전에 방선하고 원두커피 두 잔을 마셨다. 남

희양산 A코스 풍경.

은 것을 스님들에게 권하니 거북한 지 그냥 간다.

　오후 포행은 애기암봉에 가기로 했는데 미루었다.

　날씨는 좋다. 바람이 좀 분다. 남산에 올라 정상을 왼쪽으로 돌아 바로 내려가지 않고 높이 솟은 기암괴석이 있는 곳으로 올라갔다. 바위 위쪽은 갈라지고 경사는 졌지만 편편하다. 거기에 소나무 가족들이 자라는데 바위 위라 자라지 못했다. 열악한 조건에 고사한 나무도 쓰러져 있다. 거기에 앉을 공간이 있어서 한참동안 좌선으로 시간을 보냈다. 제법 운치가 있다. 앞으로 몇 번 더 이용할 지 모르겠다.

티베트 수행자는 숭고한 친구에 대해서 설명하는데 지혜라는 단어를 활용한다.

"가장 숭고한 친구를 의지하는 것은 궁극의 지혜를 알아차리는 것, 띵리 사람들이여, 이 지혜와는 결코 헤어지지 않으리니." 훌륭한 친구가 지혜라는 것으로 느껴진다.

'불성(佛性)'을 순수의식이라고 한다. 마음의 고요를 지속하고, 알아차림이 깊어질수록 그 관계는 깊어진다고 한다. 순수의식이란 모든 번뇌라는 거품을 걷어낸 상태인가보다. 사람이란 머리로 이해하려 하기 때문에 이해가 안 된다.

선사께서는 이해할 필요도 없고 애쓰지도 말고 그냥 두라고 했다.

몸은 도를 닦는 도구

2015년 2월 24일

새벽 공기가 차다. 간밤에 일찍 깼다. 어제 저녁 상한 아보카도를 한 개 먹었더니 체한 모양이다. 보통 반 개를 먹는데 남기는 것이 죄스러워 다 먹었다. 또 누군가 과일은 상해도 괜찮다는 말을 믿고 먹었더니 크게 아프지는 않은데 불편하다.

점심공양을 하고 나서 쌍화탕하고 위장약을 먹었더니 많이 좋아졌다. 병원 신세는 몇 년 전에 식중독 후에 몸살감기로 보름 입원한 적이 있다. 어릴 때는 감기를 앓은 적이 없다. 선원에 오고서도 3개월이 다 되어 가지만 몸살이나 감기가 없다.

수행하는데 아프면 안 된다. 성한 몸일 때 수행이 가능하

좌불같은 자연석이 새겨져 있는 희양산 무명바위.

다. 출가의 조건은 사지가 멀쩡하고 정신상태가 올곧아야 한다. 몸이란 도를 닦고 복을 짓는 도구다. 살아서 몸뚱이가 온전하지 못하면 빚지는 신세가 된다.

여기 와서 소식(小食)을 하고 간식을 하지 않아서 체중이 많이 줄었다. 79kg이던 것이 72kg이다. 포행 열심히 하고 소식하고 간식하지 않은 결과이다. 몸이 가벼워 좋다. 유지하기 위해서는 열심히 움직여야 한다.

게으름을 피우면 죽음이다. 수행을 게을리 하면 완전한 죽음이다.

자문자답 선문답

2015년 2월 25일

부처님 그분은 참 대단한 분이다. 인간의 탐욕과는 반대로 사신 분이다. 아니 탐욕이 삶의 본질이 아니라고 역설하신 분이다.

수행의 열매인 깨침을 이루었을 때도 너무나 자연스럽다. 납월 팔일 새벽에 반짝이는 샛별을 보시고 수행을 완성하신 것이다. 얼마나 자연스럽고 일상적인가.

수좌스님께 '봉암용곡 천년'이란 시를 보여 드렸더니 좋아하신다. 단지 끝부분의 표현이 약하다고 하신다. 끝부분을 완성하기 위해서 생각은 많이 했지만 거기까지 밖에 미치지 못했다. 아래 선시는 봉암사에 온 지 얼마 되지 않아 쓴 자문자답이다.

티베트 불상.

대혜수좌가 대혜에게 물었다.

"어디서 왔는가?"

"황악산에서 왔습니다."

"무엇하러 왔는가?"

"조사를 잡으러 왔습니다."

"무얼로 잡을 것인가?"

"올가미로 잡을 것입니다."

"어디 있는가?"

"미혹한 중생의 눈에는 보이지 않습니다."

"당장 내어놓지 않으면 삼십봉이니라."

대혜가 방석을 확 빼버렸다.

자문자답의 선문답이 문자가 되어 버렸다. 그러니 웃고 넘길 일인 것 같다.

저녁을 먹고 오니 날다람쥐가 문 앞에 앉아 있다. 잠시 쳐다보더니 부리나케 도망간다. 내방은 산과 마주한 건물의 뒤편 둘째 방이다. 그러니 신기한 일이다. 어느 스님이 이를 두고 말하기를 "편안한 기운이 느껴진 것 같다"고 했다. 날다람쥐가 내게 방문했으니 신통하다.

애기암봉

2015년 2월 26일

새벽 종소리에 깼다. 죽비 예불을 마치고 좌복에 앉으니 바람 소리가 세다. 바람소리를 타고 흐르는 화두가 성성적적(惺惺寂寂)하다.

점심공양을 하고 경내를 서성거리다가 애기암봉을 가기로 했다. 가볍게 입고 팔 토시를 하고 크래커를 한 개 주머니에 넣고 출발하니 12시 30분경이었다.

애기암봉 앞에 도착하니 며칠 전에 내린 눈으로 길이 없어졌다. 정상이 저긴데 그냥 가자니 그렇고 암벽 전면 우측에 갈라진 돌 틈을 잡고 오르니 돌 틈 너머 소나무가 있는 곳을 건너뛰어야 하고 그 위쪽으로는 길이 보이지 않는다.

뛰어볼까 생각했는데 길이 보이지 않고 위험하다는 생각

애기암봉 정상 표지석.

에 포기했다. 내려오는 길도 만만찮다. 겨우 내려왔다. 모험을 할 일은 아닌 것 같다. 생각만으로는 어려움에 빠질 수 있는 것이다.

오른쪽으로 사람이 간 흔적은 있는데 눈이 덮혀 길이 없다. 흔적을 따라 길 없는 길을 찾아 오르니 벼랑이 있고, 벼랑길에 눈이 쌓여 있다. 벼랑에 가기 전에 '브이자(V)' 협곡을 지나야 하는데 위험했다. 시간도 있고 하여 건너기로 했다. 다행히 며칠 전에 온 눈이라 미끄럽지 않다. 발로 쿡 밟으니 자국이 생긴다. 암벽 중간에 다다르니 부처손 두 송이가 벼랑 홈에 있어서 사진을 찍었다. 그 홈에는 새집도 있었다. 위험한 지역이다. 한발 한발 천천히 움직여 통과했다.

우측 능선이 정상 오르는 길인데 밧줄도 제대로 없고 길도 정상이 아니다. 길이는 약 30미터 정도 되었다. 천천히 오르니 오를만했다. 경사를 다 오를 즈음에 고사목 하나가 나뭇가지에 걸려 있는 게 이채롭다. 마치 천화(遷化, 열반에 듦을 의미)한 고승의 뼈가 걸려 있는 것 같은 생각이 들었다.

그곳을 지나 조금 오르니 봉우리다. 절벽 바위틈에 소나무가 외로이 서 있다. 척박한 곳이나 우뚝 선 모습이 너무도 당당하다.

봉우리 우측에 좀 넓은 바위가 있는데 밑은 절벽이고 앞은 관음봉이고 좌측은 희양산인데 지척에 있는 것 같다. 한참을 바라보다가 비스킷을 먹었다.

아침에 인삼 생강 농축액을 마신 탓인지는 몰라도 올라오는데 몸이 너무 가벼웠다.

우측을 보니 애기암봉이 마치 높은 곳에 있는 정자처럼 보인다. 눈이 쌓여 오르는 길이 따로 없다. 경사지를 오르고 밧줄을 타고 오르니 넓적하고 네모난 돌이 선 채로 있다. 정상까지는 짐승들만 다닌 눈 덮인 좁은 길이었다. 바람이 천지를 삼킬 듯이 불어젖힌다. 나무를 헤치고 정상에 다다르니 작은 표지석이 놓여 있다. 작은 반달형 돌에 '애기암봉'이라 새겨져 있다. 산 높이는 746.6미터다. 산들 모임에서 세운 것 같다. 애기암봉이란 이름과는 너무 다르다.

정상이라는 것 외에는 별 특이한 것이 없다. 이제 내려갈 일이 걱정이다. 올라온 곳으로 내려가자니 험해서 싫다. 천천히 내려가면 될 일인데 내키지 않는다.

우측으로 가면 장성봉으로 해서 용추토굴로 내려가야 하는데 시간이 많이 걸릴 것 같다. 왼쪽에 길의 흔적이 보여 내려갔다. 좀 내려오니 '완장리' 가는 길과 '장성봉' 가는 길의 표지판이 있고 "보행이 어려운 분은 여기서 움직이지 말고 119에 신고하라"고 적혀 있다. 한참 내려오니 개울 옆에 취수장이 있다. 계곡을 따라 내려가니 개들이 반겨 맞아주는 하우스 거주지가 나타난다. 거슬러 오면 빠를 텐데 큰길로 가면 차를 탈 요량으로 나가니 생각보다 멀고 차는 없다.

절에 도착하니 저녁공양 시간은 끝나 빵으로 요기를 했다. 저녁정진을 하는데 몸이 편치가 않다. 그래도 화두일념으로 남은 정진을 열심히 했다.

백운대 방문

2015년 2월 27일

눈 내리고 비 내리더니 세월이 많이 흘렀다.

해제를 며칠 앞두고 침구류 세탁에 열심이다. 손빨래를 한 세탁물이 빨랫줄 여기저기에 널렸는데 곧 있을 해제를 알리며 펄럭인다.

점심에 칼국수를 먹고 세탁물을 내다 널었다.

어제 다섯 시간을 등산했기에 오늘은 독거처에서 공부하는 스님을 찾아갔다.

공부를 위해서 독거처에서 잠도 최소한, 음식도 최소한으로 먹으며 수행하고 있다.

지계청정을 제일 덕목으로 삼고 탐, 진, 치 삼독을 다스리며 공부하고 있다.

스무 안거 이상을 공부하고 있다. 그런데 이제 공부의 기미가 보인다고 한다. 대단한 열정이다. 순수한 열정과 자각을 통해서 불교의 발전을 소망하는 분이다.

내려오는데 한마디 더 보태기를 "수행처에서 도반을 구하기란 어렵다" 고 한다. 단지 공부만 할 일인 것 같다. 인연을 끊고 독하게 공부해야 하는가보다.

아침에 차갑던 날씨가 많이 누그러졌다. 까만 밤하늘에 반달과 별빛이 초롱초롱하다. 화두가 순일한 하루였다.

희양산 정상 아래 백운대.

정월기도 회향

2015년 2월 28일

까만 밤에 별빛이 유난히 초롱초롱하다. 나만 보는 별들이 아닐 텐데 보는 장소에 따라 별빛도 다 다를 것이다. 빛도 다르고 마음도 다를 것이다.

해제가 가까워오니 대중공양도 거의 없는 것 같다. 다각실에 들어오는 물건들은 전에 받아놓은 것들을 내놓는 것 같다.

전국 절에서 정월기도에 정신이 없을 것이다. 봉암사도 과거부터 다니는 신도들이 있어 정월기도 회향을 하였다. 신도들은 선열당에서 스님들은 식당에서 점심을 먹었다. 짜장밥을 먹고 바로 간식이랑 복장을 챙겨 입고 산행을 했다. 오전에는 좌복을 세탁했다. 저녁에도 자유정진이다.

햇볕도 없고 바람도 없어 산행하기엔 안성맞춤이다.

해제 할 때가 되니 걸음도 가볍고 많이 빨라졌다. 잣밭재를 오른쪽으로 올라 큰 암벽 밑에서 오른쪽으로 돌아 등선을 올랐다. 저번에 와 봤기에 별 어려움 없이 정상에 올랐다.

등산 목표는 애기암봉과 장성봉(915미터)을 거쳐 용추토굴로 내려오는 코스다.

애기암봉도 너무 쉽게 생각했는데 생각보다 힘든 산행이다. 특히 지리도 모르면서 하자니 은근히 겁도 난다.

'길이 있겠지' 하고 생각하며 떠났는데 사실 깜깜하다. 애기암봉을 가볍게 오르고 서쪽에 보이는 장성봉을 향해서 출발했다. 밧줄 몇 개를 잡고 내려가서는 계속 오르막이다. 장성봉까지는 쭉 오르막이다. 중간쯤 가니 절벽 괴석에 소나무가 자라는데 너무 멋있다. 장성봉은 봉우리가 두 개 있다. 오른쪽 봉우리에 능선이 있는데 능선을 따라 북쪽으로 가면 표지석이 있다. 애기암봉과 장성봉 쪽에는 눈이 아직 그대로다. 가는길 왼쪽에 절벽이 더러 있다.

장성봉 정상에 서니 서쪽으로 가는 마을 표지판이 있는데 용추토굴 가는 안내판은 없다. 북쪽으로 희미하게 길은 있는데 맞는지 알 수가 없다. 그래서 조금 내려갔다가 올라왔다.

가야되는 길인지 난감
했다. 느낌으로는 맞는
데 조금 내려가니 길이
없다. 어쩔 수 없이 눈덮
인 능선을 따라 내려갔
다. 다행이 발이 빠지지
는 않았다. 한참 내려오
니 눈 덮인 돌무더기들
이 보였다. 조금 내려오
니 물 흐르는 소리가 졸

희양산 절벽.

졸 난다. 너무 감사하게 물을 마셨다. 더 내려오니 큰 돌들
이 있어서 길을 바꿔서 길 없는 산 능선을 따라오니 멧돼지
가 놀라 도망간다.

계곡에는 물이 흐르고 3부 능선에 짐승들이 다니는 길이
있다. 마치 차마고도 같다. 그 길을 한참 따라오니 길이 끊
겼다. 능선을 넘고 도랑을 건너 조금 내려오니 용추토굴이
보였다. 오솔길을 따라서 절까지 오니 5시 40분이다. 6시간
의 산행을 마치고 나니 심신이 홀가분하다. 포행도 정진의
한 방편이라 마음은 더 편안하다.

눈 내리고 바람 부니

2015년 3월 1일

　새벽부터 눈이 흩날린다. 3.1절이다. 춘삼월의 첫날이며 일요일이다.

　새벽 정진을 마치고 아침을 먹고 나니 눈이 조금 쌓였다.

　어제 애기봉과 장성봉을 장장 6시간에 걸쳐 등산했는데도 몸에 아무런 무리가 없다. 3개월 전과 지금은 엄청 변했다.

　오늘은 해제를 앞두고 전 대중 대청소 울력이다. 겨우내 쌓였던 낙엽을 치우는 울력이다. 몇십 분 만에 끝났다.

　오후가 되니 눈은 그치고 바람 불고 날씨가 차다. 대중들은 해제 전에 하안거 방부를 들인다. 그래서 느긋한 사람, 아직 정하지 못한 사람들도 있다.

　부처님 당시에 '안거'는 대중들과 함께 지내는 것이다. 기상 변화 등 불가피한 이유로 함께 정진하며 지내는 것이었다.

자율적으로 제한된 공간에 있으므로 적응을 하지 못하면 굉장한 스트레스를 받을 수도 있다. 반 결제때까지 3명이 나갔으니 양호한 편이다.

정진시간은 원로선원이 15시간, 성정당 14시간, 서당 12시간, 남훈루 6시간이나 울력 등 잡사가 있다.

요즈음 세상이 바삐 돌아가니 수행이 본분인 스님들도 안거하기가 힘들다. 복지, 포교 등등의 소임으로 선원 문고리조차 잡기 힘들기 때문이다.

현실이 아무리 바쁘더라도 가끔은 선원에서 정진하면 좋은 결과가 있을 것 같다.

나 역시 선원에 적응하기 힘들거라 생각했는데 완전히 적응했기 때문이다. 그래도 아직 앉는 것이 서툴기는 하다.

달이 떠서 그런지 밤하늘이 희뿌옇다.

옆방 지대방 스님들은 무슨 할 얘기가 많은 지 저녁내 도란도란 말소리가 난다.

한철 내내 같은 방을 썼으니 할 얘기가 많을 것이다. 나이가 많으면 각방을 쓰고 아직 출가한 지 얼마 안 된 스님들은 대중 방을 쓰면서 궁금한 것이 많을 것이고 그중에는 어른 스님들께 어깨너머로 들은 얘기를 들려주는 스님이 있을 것이다.

그리고 보니 나는 좀 특이한 인간이다. 잡담을 하는 것도, 듣는 것도 좋아하지 않으니 말이다. 이것저것 한다고 어영부영 보낸 시간들이 마치 잡담에 참여한 것 같다.

그렇지만 나는 나대로 누구보다 열심히 살지 않았던가!

내 복(福)을 내가 차버리니 복을 누리고 살기는 힘들 것 같다. 그러나 누리기보다는 복을 짓는 것이 부처님을 진정 따르는 행자가 아니겠는가!

오늘 내가 이만큼 복을 누리는 것은 내 복이 작지 않다고 생각한다.

죽비 놓는 날

2015년 3월 2일

새벽예불을 마치고 내려오는데 하늘을 보니 까만 밤하늘에 별이 초롱초롱하다. 요즘은 황사 때문인지 밤하늘이 맑은 기색은 아니다.

동안거 마지막 정진 시간인데 만감이 교차한다.

불현듯 주어진 시간에 선원으로 달려와 황금같은 시간을 보내고 나니 너무나 소중한 것 같다. 나대로야 깨닫고 아니고를 떠나서 깨달음이란 이미 부처님이나 달마조사 그리고 티베트의 성자 밀라레빠에 대한 강한 인상이 심어져 있기 때문에 오도송 수십 개를 쓰거나 신비한 현상을 보이지 않는 한 깨달음의 문턱을 넘어서지 못할 것 같다.

90분 간의 새벽정진이 끝나고 청중의 정진을 중단한다는

애기암봉 가는 길 암벽.

공식 발표가 있고 동안거 정진이 끝났다. 아침공양 시간에
서당 청중의 해제 일정이 발표되고 입승스님이 조석예불은
꼭 참석해야 한다는 부탁이 있었다.

  날씨가 화사한 게 좋다. 황사도 없는 것 같다. 저녁예불을
마치고 야간 포행을 갔다. 늘 다니던 산이라 약간이라도 걱정
할 일은 없었다. 어둡기 전에 산에서 내려올 것이라 예상했는
데 반 정도 가니 어두워졌다. 대신 나무들 사이로 달빛이 반

겨주었다. 달빛 그림자가 생기고 달빛 포행이 되어 버렸다.

평소 걷던 길이었지만 밤이 되니 기괴하고 무서운 생각이 들었다. 혹시 귀신이 나타나 까무러치지나 않을 지, 멧돼지가 공격하지 않을 지, 발자국과 낙엽소리에 신경이 거슬리기도 했다. 미끄러져 두 번이나 엉덩방아를 찧기도 했다. 밤이 되니 공기도 차다. 달빛은 밝다. 그나마 다행이다. 달빛이 없었다면 꽤나 고생했을 것이다.

산을 벗어나 큰길로 들어서니 안심이다. 1시간 50분 정도 걸렸다. 산을 걷고 나니 시원하다. 오히려 막혔던 마음이 뚫렸다. 딱딱한 화두는 부드러워진 듯하다.

정리

새벽예불을 마치고 아침 공양을 했다. 여기저기서 싼 짐들이 박스에 담겨서 택배로 부치기 위해 사무실 앞에 쌓여 있다.

쌀 짐도 없고 해서 점심 먹고 뭘 할까 생각하다가 암자 순례를 하기로 했다. 백련암 스님께서는 나무하러 나가시는 중이고 환적대 스님은 이야기 중이었다. 눈 내리는 봉암사 골짜기를 오르는데 지객스님을 만났다. 비가 올듯하여 내려간다고 한다.

오늘따라 월봉토굴이 먼 듯이 느껴진다. 한참을 올라 지름티재 밑에 있는 토굴에 도착하니 주인이 없다. 젊은 스님인데 정진 열심히 하라고 수좌스님께서 배려한 것이라고 한다.

문경 현암요 장작가마 다관.

암자 순례를 마치고 내려오는데 눈도 그치고 월봉토굴 스
님도 만났다. "잘 지내라"고 인사를 나누고 내려왔다.

문경 현암요에서 안거에 사용할 다기를 빌렸었는데 갖다
주었다. 주인은 출타 중이다.

저녁이 되니 추적추적 비가 내린다. 잠시 나그네의 마음
이 되니 괜히 숙연해진다. 곧 꽃잔치가 열릴 것이다.

봉암사 입구.

떠나기

2015년 3월 4일

　새벽바람이 산천을 떠나 보낼듯이 불어젖힌다. 거센 바람에도 아랑곳 없이 정월대보름이 가까워오니 달은 서산에 걸려 환하게 세상을 비춘다.

　수 많은 세월 달은 저 자리에서 세상을 비추지만 생명을 가진 생물들은 밝은 달에 상관없이 쓰러져 잔다.

　거센 바람에도 달은 빛을 잃지 않는다. 그러나 사람들은 무엇에 빠지거나, 기분이 들뜨거나, 가라 앉거나 하면 마음에 큰 회오리가 일어 이성과 지혜를 잃어버려 질서를 파괴한다.

　이제 내일이면 정든 이곳을 떠난다. 새벽정진을 위해 큰방에 앉으니 마음이 새롭다. 죽비를 놓았지만 몇 명의 스님들이 정진에 열중이다. 처음에 비해 앉는 시간이 자유롭다. 확철대오는 아니지만 화두잡기는 순일하고 부드럽다.

오늘은 삭목일이다. 서당에 가서 삭발목욕을 했다. 마침 주봉 아래에 사는 백운대 스님이 내려왔다. 백운대는 산등성이 마루에 세워졌기 때문에 바람이 굉장히 센 곳이다. 그곳에서 바람과 달빛은 유독히 드러나는 곳이다.

그래서 스님에게 묻기를 "그런 상황에서 한 소식 있어야 하는 것 아닙니까?" 하니 미소로 대답한다.

해제 전날이라 저녁 예불 후 자자(自恣, 선원에서 대중들 앞에서 스스로 허물을 드러내고 용서를 구하는 의식)를 했다. 한 스님이 대중들을 신경 쓰이게 했던 행동에 대해서 참회하고 삼배를 했다.

마지막 날 밤이 깊어간다. 밝은 달은 봉암사 마당에 쏟아지고 시계 소리만 쉼 없이 난다. 살아 있다는 것은 잠시라도 생각을 하는 것이다. 봉암사 선원에 참 잘 왔다는 생각이 든다.

모이면 반드시 흩어진다

2015년 3월 5일

3월 결 좋은 바람이 볼에 닿으니 봄인가 싶다. 날씨가 맑고 새벽 공기가 좋다. 대보름이라 달도 달빛도 좋다. 마지막 새벽 정진을 위해 큰방에 들었다. 의외로 하판 스님들이 많이 앉았다.

앉은 시간이 길게 느껴진다. 마음이 뒤숭숭하다. 삼독(三毒, 貪瞋痴, 욕심내고 성내고 어리석음)을 버리지 못해서 생기는 잡념이다. 정신을 가다듬고 집중하니 시간이 순식간이다.

아침공양으로 떡국을 먹었다. 결제 중 먹은 떡국 중에 제일 맛있다.

모든 정리는 끝났다. 이제 떠나면 된다. 모이면 반드시 흩어진다.

밝은 달 만큼 내 마음도 밝으면 좋으련만
잡념만이 가득하니 비워도 비워도
끝이 없구나.
회양산 애기암봉, 장성봉, 구왕동, 관음봉
오를 때 다 버린 줄 알았더니
착각이었구나.
큰방에 몸뚱이만 앉았으니
견성처(見性處)는 어디인고?

희양산 정상.

산강 대혜스님의
봉암사 동안거 일기

초판 1쇄 인쇄일   2024년 6월 14일

글   산강 대혜스님

발행인   오심스님
주 간   우봉스님
발행처   대한불교조계종 불교신문사

책임편집   여태동
편집제작   향지북스

출판등록   2007년 9월 7일(등록 제300-207-133호)
주소   서울시 종로구 우정국로 67 전법회관 5층
전화   02)733-1604
팩스   02)3210-0179
e-mail   tdyeo@ibulgyo.com

ⓒ 산강 대혜스님, 2024
ISBN : 979-11-89147-32-7 13220